Ouvrage publié avec le concours de :

Dépôt légal : septembre 2015
ISBN : 979-10-91555-18-0

LA PORTE DES SECRETS

Et autres contes libertins de Corée

Kim Hyeong-jun et Rodolphe Meidinger

LA PORTE DES SECRETS

Et autres contes libertins de Corée

Illustrations de Marcela Dvořáková

Atelier des Cahiers

Notes sur la transcription : La transcription utilisée dans cet ouvrage suit le système adopté en juillet 2000 par le Ministère du Tourisme et de la Culture sud-coréen. Toutes les lettres se prononcent. Les lettres *p*, *t*, *k*, *ch* désignent une consonne aspirée. *ae* et *e* se prononcent «é». *u* se prononce «ou». *eo* se prononce comme un «o» ouvert (cf. «rose» dans le Sud de la France). *eu* correspond à un son entre le «u» et le «eu» français. *ch* et *j* correspondent à «tch» et «dj». La nasalisation est rendue par -ng. Seuls les noms propres courants ont été conservés dans l'orthographe en usage en Corée du Sud et/ou en France.

Les Auteurs

Kim Hyeong-jun, professeur de français dans le secondaire, est fier de l'histoire de ses ancêtres et de la culture de son pays. Mais, ce qu'il aime par-dessus tout, c'est raconter comment les pères de ses pères, malgré l'âpreté de la vie, aimaient rire à travers des récits universels, comme ceux que nous vous présentons aujourd'hui.

Marcela Dvořáková et Rodolphe Meidinger sont un couple d'enseignants de Français Langue Étrangère installés en Corée depuis 2006. Grâce à leur profession, ils ont pu parcourir le monde, non pas comme de simples voyageurs de passage, mais en se fondant dans l'environnement où ils posent leurs valises. Ils sont les auteurs de nombreux recueils de contes et des *Saisons de Nami* à l'Atelier des Cahiers (2013).

Avant-propos

Étrangement, les textes de ces contes libertins sont largement méconnus en Corée. Ils proviennent de récits anonymes de l'époque du Joseon (조선, 朝鮮) *(1392-1910), vraisemblablement rédigés au XVIII*ᵉ *siècle. Ces récits lèvent le voile sur des aspects presque insoupçonnables de la société coréenne à une époque où elle était profondément marquée par le confucianisme, morale ultra rigoureuse où officiellement tout libertinage était fortement réprouvé.*

Mon ami et collègue Kim Hyeong-jun s'est penché sur ces textes truculents pour me les raconter patiemment en français, renouant ainsi, d'une certaine manière, avec la tradition de transmission orale des contes populaires. Lors de nos rencontres, j'ai enregistré sa voix, le questionnant parfois longuement sur les aspects historiques, culturels et sociaux de ces narrations.

J'ai, par la suite, repris chacun de ces enregistrements pour les retranscrire. Puis, nous y avons ajouté, là où cela nous semblait nécessaire, des éléments propres à la culture coréenne, afin d'en donner aux lecteurs francophones toutes les clefs de compréhension. En effet, sans ces clefs, le lecteur ignorant de la société coréenne aurait toutes les peines du monde à appréhender les sous-entendus, certaines finesses d'esprit et les non-dits qui apparaissent en filigrane dans les textes originaux.

C'est dans ce même objectif que le lecteur trouvera, à la fin de cet ouvrage, un glossaire rassemblant toutes les expressions et les mots coréens figurant en italique dans ce recueil.

Les illustrations encres et lavis ont, quant à elles, été exécutées par Marcela Dvořáková sur papier hanji *à partir des œuvres de trois peintres coréens du XVIII*e *et du début du XX*e *siècle. Ces artistes sont incontournables pour toute étude sur l'érotisme coréen de l'époque du Joseon. Il s'agit de :*

Kim Hong-do (김홍도, 金弘道) *connu également sous son nom d'artiste Danwon* (단원, 檀園). *Ce peintre né en 1745 est célèbre pour avoir le premier représenté la vie quotidienne de ses contemporains dans ses peintures.*

Né treize ans après, en 1758, Shin Yun-bok (신윤복, 申潤福), *dont le pseudonyme était Hyewon* (혜원, 蕙園) *a été fortement influencé par Kim Hong-do. Shin Yun-bok est ainsi le second peintre coréen célèbre pour ses scènes de la vie de tous les jours. Toutefois, ses représentations, nettement plus sensuelles, furent la raison de son expulsion de l'institut royal de peinture.*

Plus moderne mais gardant cependant la même approche artistique, Choi Woo-seok (1899-1965) a repris les thèmes érotiques de ses prédécesseurs avec parfois moins de réserve.

Cependant, si ces peintres sont très appréciés pour leur talent, peu de coréens connaissent leurs œuvres licencieuses. Marcela Dvořáková s'est librement inspirée de ces dernières peintures en reprenant les thèmes et les postures pour restituer la délicate atmosphère surannée de nos textes.

Rodolphe Meidinger
Cheongju, avril 2015

Trois filles près d'un moulin

Au temps où les tigres fumaient la pipe, à quelques *li*[1] d'un village, la rivière faisait un méandre. Le courant puissant était fort régulier, alors on y avait construit un moulin. Loin des regards indiscrets, la petite bâtisse au toit de chaume accueillait, entre le gémissement des meules et les coups de butoir du pilon, certaines rencontres illégitimes. Au même endroit, mais légèrement en surplomb, se dressait fièrement un *jangseung*, un de ces totems chamaniques de pierre. La nature est parfois curieuse, il lui arrive de donner aux éléments des tournures singulières. La forme élancée de ce rocher massif dardant son capuchon vers le ciel en avait fait un lieu de culte particulier. On y célébrait en particulier les cérémonies agraires de la fin de l'hiver qui devaient assurer le succès des semailles. Les couples infertiles venaient implorer l'esprit tutélaire du lieu dans l'espoir d'un enfant et les femmes enceintes y déposaient des offrandes pour que leur progéniture fût un garçon.

Un jour de printemps, trois filles, à peine sorties de la puberté, se trouvaient là, assises dans l'herbe et riaient bruyamment. Était-ce à cause des

1 Les noms coréens en italiques sont expliqués dans le glossaire en fin de volume.

premières douceurs de l'air ? Des clapotis des aubes du moulin qui, comme un amant infatigable, pénétraient l'eau inlassablement ? Ou encore à cause de l'esprit du totem ? Toujours est-il que ces trois grâces en vinrent à discuter de la consistance de cette chose, objet de tous leurs fantasmes, qu'elles n'avaient jamais vu et qui les différenciaient des hommes.

En ce temps-là, l'éducation des filles de bonne famille était très sévère. Afin que les jouvencelles ne s'égarent pas, on les maintenait dans la plus stricte ignorance.

– Ne vous faites pas d'idée extraordinaire de la chose, confia la première, ce n'est rien qu'un morceau de chair flasque et mou, mais couverte d'une peau fine et douce comme de la soie.

– Ne soit pas sotte, s'exclama la seconde. Je crois bien que c'est bien plus dur que de la chair. Cela doit être noueux et élastique comme un morceau de tendon et souple comme un nerf de bœuf.

– Vous n'y êtes pas du tout, renchérit la troisième. Cet endroit est plus dur qu'un os !

Les trois filles s'éclaffaient sans savoir que non loin de là, un jeune bûcheron allongé dans une futaie voisine écoutait leur bavardage. Cela avait excité son appétit. Curieux de savoir où cette histoire pourrait bien le mener, il s'approcha l'air benêt et en faisant de grands gestes. Elles furent effrayées à l'idée d'avoir été entendues, un silence de gêne tomba sur le trio. Si jamais ce journalier, sorti dont ne sait où, allait bavasser au village, leur réputation serait entachée, la rumeur pourrait même décourager un beau parti et compromettre leur mariage. Mais cet embarras ne dura que peu de temps. Tout d'abord, les trois filles ne connaissaient pas le jeune homme, sans doute un itinérant venu prêter main forte aux charbonniers du coin. Personne ne porterait crédit à ses bavardages. Et puis, le malheureux avec ses gestes et ses ahans avait tout l'air d'être muet. L'air perdu, l'ahuri, dans sa gesticulation, essayait tant bien que mal de se faire expliquer le chemin du village.

Bien que rassurées, les filles voulurent malgré tout savoir ce que le gaillard avait entendu de leur conversation. Alors, elles l'attirèrent dans le moulin ; là personne ne pourrait ni les voir ni les écouter. Elles lui posèrent la question tout de go, le jeune homme prétendument muet tint sa langue, mais ses oreilles virèrent à l'écarlate. Tout était clair ! Les filles, à leur tour, s'empourprèrent de honte. Mais piqué par la curiosité, la première s'enhardit et annonça :

– Au point où nous en sommes, nous n'avons plus rien à perdre, d'autant plus que celui-là ne dira rien. Pourquoi donc ne pas vérifier par nous-mêmes ?

Le journalier acquiesça d'un signe de tête.

– Crois-tu que ce mignon se laissera faire ? demanda la seconde.

Le garçon acquiesça de nouveau.

– Qui ne dit mot consent, conclut la troisième.

Alors, la première glissa sa menotte dans la culotte du garçon, prit en main la chose, la soupesa dans le creux de sa paume.

– J'avais raison, ce n'est qu'un morceau de chair aussi douce que la soie. Venez toucher vous aussi, vous verrez bien.

La main de la deuxième prit le relais, saisit la chose, la remua de haut en bas et de bas en haut. À force de cajolerie, bien évidemment, elle commença à se gonfler.

– De quelle carne parles-tu ? s'interloqua la seconde … Cette chose est bien trop fibreuse. Elle est noueuse comme du tendon et élastique comme un nerf de bœuf. Tiens, viens donc tâter, rajouta-t-elle à l'intention de la troisième.

Le garçon était aux anges lorsque la troisième main serra le bâton de jade.

– Eh bien non ! Regardez ! C'est dur comme un os ! s'exclama triomphalement la troisième. Et elle fit jaillir des plis du pantalon un formidable totem de chair aussi dur qu'un os.

Tout le reste de l'après-midi, les meules du moulin ne furent pas les seules à gémir au rythme régulier des coups du pilon qui, ajusté à la largeur du mortier, le pénétrait profondément.

Trois filles pour un garçon à marier

En ce temps-là, les tigres prenaient plaisir à fumer leur pipe. Un riche *yangban* de la province du Gyeongsang voulait marier son fils aîné.

À cette époque, le mariage était une chose bien trop sérieuse pour laisser place aux sentiments et à la passion amoureuse. Le garçon avait donc été promis, dès l'âge de cinq ans, à une petite fille de deux ans sa cadette. Malheureusement, la gamine avait succombé à une mauvaise fièvre, contrariant ainsi les plans des deux familles.

Le garçonnet, lui, était devenu un beau jeune homme plein de promesses. Mais le père n'avait pas pu dégoter la perle rare. Alors le gentilhomme fit appel à une marieuse pour trouver une bru convenable.

– Votre famille est puissante, dit la vieille femme. Il ne sera sans doute pas difficile de trouver une jeune beauté pour votre fils.

– Qu'elle soit surtout bien éduquée, répliqua le *yangban*.

Puis, la marieuse partit à la recherche de familles nobles qui avaient une fille nubile. Elle vérifia qu'il y avait bien parmi les ancêtres quelques grands hommes, ministres, ou hauts fonctionnaires. Elle consulta les livres généalogiques pour s'assurer que le degré de cousinage était suffisamment éloigné. Elle loua les services d'un astrologue pour vérifier la compatibilité des cinq éléments et des quatre piliers du destin entre les futurs époux. Enfin, après plusieurs semaines, quand la marieuse revint voir le *yangban*, elle avait trois propositions à lui faire : trois jouvencelles de bonne famille, à peine sorties de l'adolescence.

– Ont-elles reçu une bonne éducation ? demanda le *yangban* à la marieuse.

– Oui, Monseigneur, toutes les trois sont excellentes couturières. Elles manient l'aiguille avec une très grande dextérité et leurs ouvrages sont toujours d'une grande finesse.

– Ce n'est pas de cela dont je veux parler. Notre belle-fille devra s'occuper de nous, ses beaux-parents, et surtout se charger de toutes les préparations des cérémonies du culte de nos ancêtres.

– Rassurez-vous, Monseigneur, elles ont été toutes les trois formées à l'étiquette confucianiste.

Le *yangban* examina avec soin les candidatures des trois prétendantes. Mais il n'arrivait pas à choisir laquelle des trois il allait prendre pour bru. Aussi, il décida de les convoquer toutes les trois pour les interroger.

Quand elles arrivèrent, il remarqua qu'elles étaient toutes d'une beauté incomparable. Toutes les trois avaient, également, cette gracieuse timidité gauche des ingénues. Il ne pourrait donc pas se servir de ce critère pour faire son choix. Alors, d'une voix douce, il leur demanda :

– Les femmes sont différentes des hommes. Elles ont deux bouches, une en haut et l'autre en bas. Selon vous, laquelle de ces bouches est la plus mûre ?

– J'ai peur de ne pas comprendre votre question, répondit une des trois filles.

– Je veux dire, laquelle de ces deux bouches est la plus mature ? Ou si vous voulez, empreinte de sagesse ?

Après réflexion, la première des filles, sûre d'elle-même, répondit en souriant :

– À mon avis, la bouche du haut est plus mature. Et celle du bas est bien plus juvénile. Elle n'a pas encore fait ses dents alors que celle du haut les possède toutes.

– Mais non, mais non, réfuta la seconde, le feu aux joues en pensant à son propre corps. C'est la bouche du bas qui est la plus mature. Celle du haut n'a pas un poil, alors que celle du bas est déjà bien barbue.

Comme la troisième, plus réservée, restait silencieuse, le *yangban* l'encouragea :

– Et toi, qu'en penses-tu ? Laquelle des deux a raison.

– Je crois, commença la jeune femme innocente et écarlate, qu'elles n'ont ni tort ni raison. Cependant, je pense que la bouche du haut est la plus mature des deux. Toute sa vie, la bouche du bas, réclame du lait comme un bébé, et on ne peut la nourrir qu'avec un biberon. Alors que la bouche du haut mange des fruits, du riz, de la viande. Elle mange de tout, c'est pourquoi elle est plus mature.

– Hum... fit le yangban en se tournant vers la troisième. Tu as raison, tu as la connaissance intuitive des principes mâle et femelle. Tu as toutes les qualités pour être une bonne épouse. Sans ces principes, une femme ne saurait mener une vie de couple.

Et c'est ainsi que fut choisi l'épouse du fils de ce *yangban* ...

Le poulain et le brin d'orge

Autrefois, lorsque les tigres aimaient à bourrer leur pipe avec du bon tabac, il y avait un couple dont le mari se désespérait de ne pouvoir quitter son logis car sa femme insatiable aimait trop la chose. Cela le torturait beaucoup et, à juste titre, il soupçonnait continuellement sa femme.

Un jour, cependant, suite au décès d'un de ses amis, il se trouva dans l'obligation de passer la nuit hors de chez lui. Aussi c'est avec remords et suspicion qu'il annonça à sa femme :

– Je dois me rendre à une veillée funèbre, je ne reviendrai que demain. Mais, je te préviens, gronda-t-il, si comme la dernière fois tu te comportes comme une dévergondée, je te tuerai.

– Ne vous inquiétez pas. Je vous promets d'être sage et la plus fidèle des épouses, répliqua sa femme.

Mais le mari ne pouvait pas la croire et il annonça :

– Non ! Cette fois-ci, tu ne me duperas pas ! Je vais tracer une marque et je saurais bien si tu as fauté.

Alors, il culbuta sa femme, lui souleva le jupon. Ensuite, il frotta un bâtonnet d'encre avec un peu d'eau dans sa pierre à encre, il y trempa le bout du pinceau et dessina à l'intérieur des cuisses, à droite et à gauche de la porte des secrets un brin d'orge et un poulain.

– Voilà qui est fait ! s'exclama l'homme. À mon retour, je saurais tout ! Cette fois-ci tu ne me tromperas pas.

Puis, rassuré par son dessin, il quitta la maison, pour les funérailles de son ami.

Le lendemain, de retour chez lui, il se rendit directement auprès de son épouse pour vérifier si sa femme n'avait commis aucune vilenie.

– Montre-moi tes cuisses que je vois si tu as encore fauté ! lança-t-il à son épouse.

La femme s'exécuta, releva jupe et jupon, l'homme s'accroupit entre les jambes de son épouse pour y observer attentivement les dessins et s'exclama :

– Chienne ! Le brin d'orge a disparu ! Qu'as-tu donc encore fait pendant mon absence !

– Rien de mal, répondit la femme. C'est de votre faute si le brin d'orge n'est plus là où vous l'aviez laissé. Votre poulain était trop vigoureux ! Dans sa fougue, il a sauté par-dessus mon buisson de rose et a mangé l'orge.

Abasourdi, le cocu ne sut que répondre.

Le marchand de sel acupuncteur

À l'époque où les tigres fumaient la pipe, les règles confucianistes étaient appliquées avec rigueur. Les filles et les jeunes femmes étaient tenues dans la plus stricte ignorance. Ainsi, les adolescentes étaient si ingénues qu'elles ne percevaient pas qu'elles suscitaient le désir des hommes. En certaines occasions, ces innocentes pouvaient, dans leur naïveté, perdre leur fleur sans se douter un seul instant de la perversité de leur corrupteur.

Sur un chemin qui serpentait dans la montagne, un petit promontoire offrait une vue exceptionnelle sur un village en contre-bas. À cet endroit, un couple dans la force de l'âge croisa un grand et solide gaillard qui colportait du sel dans sa hotte.

– Hé, marchand de sel ! interpella le mari. Tu te rends dans notre village pour y vendre du sel ?

– Oui c'est ça ! répondit laconiquement le gars de sa voix rauque.

– Alors, il est absolument inutile de visiter notre maison. Nous n'y serons pas. Nous allons à une fête dans le village d'à côté. Et à part notre fille Belle-lune[2], il n'y aura personne chez nous jusqu'à demain soir.

– Ah bon … fit le marchand de sel, puis s'avançant au bord du promontoire, il continua : Mais pour ne pas aller chez vous, il me faut savoir où se trouve votre maison. Pouvez-vous me la montrer ? D'ici on voit tout le village.

2 Le prénom coréen de cette fille est Bongwol (봉월) qui signifie Belle-lune.

– Regarde, tu vois la maison sur laquelle pousse du piment sur le toit ? Eh bien cette maison est la nôtre, confia naïvement la femme.

– Ah oui, je la vois ! dit le marchand de sel.

– Eh bien, il est vraiment inutile d'y aller ! répliqua le mari, nous n'y serons pas.

– Oh pour ça, ne vous inquiétez pas ! répondit le gaillard riant intérieurement.

Puis, après de multiples courbettes de politesses, le marchand de sel poursuivit son chemin. Quand il arriva au village, il se rendit directement à la maison aux piments sur le toit. Il frappa à la porte et appela :

– Belle-lune ! Belle-lune ! Ouvre-moi, je sais que tu es là.

Mais la jeune femme, entendant la voix d'un homme inconnu, n'osa pas sortir, au contraire, elle tira le loquet et se contenta de répondre :

– Il n'y a personne à la maison, passez votre chemin !

Alors de la voix grave et profonde des hommes qui ont vu le monde, le marchand de sel lança :

– Je suis ton oncle ! Je suis un des frères de ta mère. Tu ne te souviens peut-être pas de moi, mais nous nous sommes vus quand tu étais petite. Cela fait bien des années maintenant, tu dois avoir bien changé. À tous les coups, je serais incapable de te reconnaître. En chemin, j'ai croisé tes parents. Ils sont à la fête du village d'à côté. Comme ils ne reviennent que demain, ils m'ont demandé de m'occuper de toi cette nuit.

À ces mots, l'adolescente se sentit rassurée. Elle ouvrit la porte en grand et s'agenouilla pour saluer avec beaucoup de déférence l'homme qui se dressait devant elle. Ce n'est pas tous les jours que l'on accueille un parent perdu de vue depuis si longtemps. Alors, après l'avoir installé dans la maison, elle fila à la cuisine lui préparer une bonne soupe de poule pondeuse[3]. Le soir venu, le marchand de sel, repu du bon repas qu'il avait ingurgité, se mit à regarder la fille avec les yeux luisant d'une mauvaise concupiscence.

– Mon enfant, je pense que tu souffres d'une maladie chronique, lança l'homme de sa voix grave qu'il tentait d'adoucir. Tes joues sont très pâles. Il me semble que tu es malade. Je suis certain que tu dois souffrir de l'estomac.

3 Traditionnellement, en Corée, pour honorer une personne importante que l'on recevait, on avait coutume de sacrifier une poule pondeuse pour l'offrir en repas.

– Non, mon oncle, je me porte très bien. Je n'ai aucune maladie, assura la jeune femme.

– Bon … Puisque tu me le dis. Mais j'ai confiance en mes yeux et en ce que je vois. Je ne me trompe pas, j'en suis certain, répliqua l'homme avec conviction. Voyons voir, et réponds-moi franchement … Lorsque tu regardes le soleil de midi, les yeux te brûlent-ils ?

– Oui, mon oncle, répondit Belle-lune.

– Ah, tu vois ! J'avais deviné juste ! C'est à cause de la maladie qui te ronge le corps, affirma le marchand de sel. Et lorsque tu manges beaucoup de riz, ton ventre ne gonfle-il pas un peu ?

– Si, mon oncle, acquiesça la fille.

– Eh bien voilà, tu sens une chose lourde dans ton estomac. Tu es bien malade ! Et lorsque tu fais un effort ou quand tu cours, tu es essoufflée, non ?

– Oui, c'est ça, reconnu la jeune femme.

– C'est à cause d'une maladie chronique. Il faut te soigner, sinon le mal s'aggravera.

Interloquée par ces paroles, l'adolescente écarquilla les yeux et demanda :

– Mon oncle, que doit-on faire pour me guérir ?

– C'est simple mon enfant, il faut enlever le pus qui stagne dans ton corps.

– Mais mon oncle, comment peut-on enlever tout ce pus de mon corps ? supplia Belle-lune.

– Ah ça, ce n'est pas difficile, rassura le marchand de sel. Si l'on pratique l'acupuncture, la maladie s'en ira très rapidement. Mais dans ton cas, il vaut mieux pratiquer l'acupuncture de chair.

– Oh, mon oncle, vous sauriez faire ça ?

– Bien évidemment, ma fille, répondit gravement le marchand de sel.

– Alors, je vous en prie mon oncle, dépêchez-vous de me soigner et de faire votre acupuncture, implora la jeune femme.

Le marchand de sel coucha Belle-lune à même le sol, lui souleva la jupe, fourragea son jupon, et lui souffla à l'oreille :

– Tu devras supporter le remède jusqu'à la fin. Et lorsque tu te sentiras libérée, alors tu seras guérie.

À force de soupirs, de ah et de oh, l'aiguille de chair perça la fleur. L'administration du traitement dut être éprouvante pour le marchand de sel, car juste après avoir longuement prodigué ses soins, piqué et repiqué, il s'endormit comme une masse.

Au petit matin, Belle-lune lui prépara un petit déjeuner aussi copieux que l'avait été le dîner. Puis, remis en appétit par la beauté de la jeune femme, il lui annonça :

– Il me semble que tu vas mieux, mais tu n'es pas encore tout à fait guérie. Pour plus de sûreté, il est préférable que nous pratiquions une fois de plus mon acupuncture.

Ainsi fut fait, l'aiguille de chair fit son office et lorsque le marchand de sel en eut terminé, il lui tendit un bol qui lui avait servi d'accessoire aux soins et le plus sérieusement du monde, il expliqua :

– Le mal t'a enfin quitté. Regarde, dans ce bol, il y a tout le pus que j'ai ôté de ton corps. Quand tes parents reviendront, montre leur et explique leur tout ce que ton oncle a fait pour te soigner.

Puis prétextant une affaire urgente à régler, le marchand de sel prit congé et jamais plus il ne revint au village.

Le marchand de sel et les gâteaux de riz

Au temps où les tigres fumaient la pipe, les marchands de sel parcouraient les montagnes. Souvent costauds et vigoureux car capables de soulever leur hotte lourdement chargée ; rarement dans le besoin car leur commerce était essentiel au quotidien des ménagères ; toujours de passage comme le vent, les marchands de sel étaient aussi colporteurs éphémères d'aventures sans lendemain.

Dans une région montagneuse, un érudit vivait avec sa femme à l'écart du monde. Bien que d'une famille de *yangban*, le lettré était fort pauvre et sa masure n'offrait pas le confort de son rang. Un soir, alors que l'ombre de la nuit avait pris le pas sur la clarté du jour, un marchand de sel vint frapper à la porte pour demander l'hospitalité. Embarrassé, le lettré lui répondit :

– Je suis désolé, notre maison est trop petite. Nous n'avons que deux pièces étroites : mon cabinet de travail, qui me sert également de pièce de réception, et notre chambre que nous utilisons pour manger et dormir.

– Mais je ne prendrai que peu de place, insista le marchand de sel...

– Et puis, la cloison de papier qui sépare nos deux pièces est bien trop fine, poursuivit le lettré. Vois-tu, il nous est difficile de te loger ici, même pour une seule nuit.

– Moi aussi, je suis pauvre, bien que parmi mes ancêtres il y ait eu des *yangban*, ajouta le colporteur pour attendrir le cœur du lettré. Je ne suis ni riche, ni voleur. Le soleil est déjà passé de l'autre côté de la montagne et la nuit tombe. Si vous me refusez aussi froidement un refuge pour la nuit, le tigre me mangera. Je vous en supplie, laissez-moi dormir une nuit chez vous. Je partirai demain à l'aube, dès que le coq chantera.

Finalement, le *yangban* se résigna et accepta d'accueillir le marchand de sel. Il le fit entrer dans la pièce de réception où sa femme leur apporta un dîner frugal.

– Je suis désolé. Je n'ai pas de meilleurs mets à vous proposer. Comme je vous l'ai déjà dit, nous vivons de peu, s'excusa le lettré.

Puis, le repas terminé, le lettré prit congé de son hôte pour rejoindre sa femme dans la chambre attenante. À peine avait-il fermé la porte coulissante, oubliant que la cloison n'était que de papier, il dit à son épouse :

– *Imja*, tu as bien fait de nous donner un repas léger. Ce diable de colporteur aurait englouti toutes nos réserves. Mais l'estomac me colle encore au dos[4]. Ne pourrais-tu pas nous préparer quelques gâteaux de riz ? Nous les mangerions tous les deux en amoureux.

– Est-ce bien raisonnable mon mari ? Ce soir nous avons un invité. Vous devriez plutôt, comme c'est l'usage, dormir dans sa chambre pour lui tenir compagnie. Comment pouvez-vous songer à manger des gâteaux de riz seulement entre nous ? Je crois que ce soir, vous devrez prendre votre mal en patience.

– D'accord, j'irai me coucher dans sa chambre. Mais pour les gâteaux de riz, j'ai une meilleure idée, gloussa le *yangban*. Quand le marchand de sel dormira, je ferai passer, par la petite fenêtre de la cloison, un cordon depuis la pièce d'à côté. Je nouerai cette ficelle à mes bourses. Quand tu auras fini de préparer les gâteaux de riz et que ceux-ci seront cuits, tu n'auras qu'à tirer le cordon pour me prévenir. Alors, je sortirai le plus discrètement possible pour te rejoindre, et nous mangerons ces gâteaux de riz en amoureux. N'est-ce pas une bonne idée ?

---

4 Cette expression coréenne est équivalente à « avoir l'estomac dans les talons ».

La femme acquiesça et répondit qu'elle ferait exactement comme il avait dit. Puis, le lettré repassa dans la pièce de réception où le marchand de sel avait tout entendu.

– Après votre longue route, vous devez être mort de fatigue, compatit le lettré. Nous devrions nous coucher tôt. Surtout, si vous devez partir au chant du coq.

– Comme vous le dites, répondit le marchand de sel en baillant. Demain, aussi, ma journée sera longue. Vous avez raison, couchons-nous tout de suite.

Les deux hommes soufflèrent la lampe et s'allongèrent sous leur couverture. Le marchand de sel se mit, presque immédiatement, à ronfler légèrement comme s'il était subitement tombé dans un profond sommeil. Le *yangban* attendit un peu pour s'assurer que le colporteur était bien endormi. Puis, doucement, il se leva, noua l'extrémité d'une longue ficelle à ses bourses et jeta, par la lucarne, le reste de la bobine dans la chambre d'à côté. Puis, il se recoucha et attendit patiemment le signal convenu.

Mais comme rien ne se passait, le lettré commença à somnoler et sombra à son tour dans le sommeil. La chambre devint calme, bercée seulement par la respiration régulière des deux hommes. C'est alors que le marchand de sel ouvrit ses yeux :

– Je savais bien qu'il finirait par s'endormir avant moi, se dit le colporteur.

Puis pour vérifier sa pensée, il secoua légèrement le lettré.

– C'est bon, il dort comme une souche !

Le marchand dénoua délicatement le cordon des bourses du lettré pour l'attacher aux siennes, et se rendormit tranquillement.

Un peu plus tard, les gâteaux de riz tout chauds et tout moelleux étaient fin prêts. La femme du lettré tira sur le cordon. Le marchand de sel se leva sans faire de bruit. Avant d'ouvrir la porte, il murmura d'une voix grave :

– *Imja*, la lumière est trop vive, le marchand de sel risque de se réveiller. Il vaut mieux que tu éteignes la lampe.

– Mais s'il fait noir, nous n'y verrons rien, chuchota la femme. Comment allons-nous manger nos gâteaux de riz ?

– Ça va, ça va, souffla l'homme, nous avons nos mains pour toucher et nos bouches pour croquer, ce sera bien suffisant.

La femme sourit comprenant à demi-mot et souffla immédiatement la lumière. La porte glissa silencieusement et le colporteur, à quatre pattes, pénétra à l'aveuglette dans la chambre. Du bout des doigts, il finit par tomber sur le plat de gâteaux de riz.

– Ces gâteaux de riz sont savoureux, grogna doucement l'homme en s'empiffrant.

Puis ayant mangé tout son content, il susurra :

– Voyons voir s'il n'en reste pas un ou deux à suçoter par là.

Le colporteur entreprit alors de dénouer les rubans de la dame et à tâtons tomba sur ses tétons. Puis, connaissant bien son affaire, il exécuta des tours à sa manière qui ne manquèrent pas de sel. Surprise par tant de fougue et d'inventivité, la femme, dans son transport, fut convaincue que ses gâteaux de riz en étaient la cause. Aussi, lorsque le marchand de sel retourna dans sa chambre après avoir fini d'user son bel instrument, elle se promit d'en cuisiner plus souvent.

De l'autre côté de la cloison, le lettré dormait toujours du sommeil du juste. Comme le jour commençait déjà à poindre, le marchand de sel réveilla son hôte.

– Restez couché ! Le coq va chanter, il est temps pour moi de quitter votre demeure. Je vous remercie très sincèrement de m'avoir hébergé pour la nuit. Grâce à vous et à votre dame, cela fait longtemps que je n'en avais pas passé une aussi bonne. Soyez certain que je reviendrai par ici et vous verrez que je ne suis pas un ingrat.

– Pars en paix, répondit simplement le lettré du fond de sa couverture.

Le coq poussa son cri. Le marchand de sel hissa sa hotte sur les épaules, et lourdement chargé mais le cœur léger, il reprit sa route.

Une fois seul, le lettré se souvint de la promesse de sa femme. Ne devait-elle lui tirer les bourses pour l'inviter à manger des gâteaux de riz ? Comment avait-elle pu oublier ? Il souleva le drap, glissa la main dans la culotte, ses bourses n'étaient plus liées ! Que s'était-il donc passé ?

Il se leva, fit coulisser la porte et trouva sa femme profondément endormie et ronflant bruyamment. Alors, il la secoua sans ménagement :

– Je t'avais demandé de me réveiller quand les gâteaux de riz seraient prêts ! pesta le lettré.

La femme sursauta, se frotta les yeux et fort mécontente d'être chahutée de la sorte répliqua :

– Mais que me chantez-vous là ? Nous les avons mangés ensemble toute la nuit. Nos draps en sont encore tout froissés.

– Quoi ? cria le mari interloqué. Je ne me souviens de rien, quelles sottises me racontes-tu ?

Alors la femme raconta tout, la lumière éteinte, la saveur des gâteaux de riz, et celle de leurs étreintes.

À ce récit, le lettré explosa de colère et jura qu'on ne l'y reprendrait plus. Puis la femme sourit de contentement et confessa :

– À un moment je me suis doutée que ce n'était pas vous. Pour être bousculée comme je l'ai été toute la nuit, ce ne pouvait être que l'instrument d'un marchand de sel...

Mais le lettré n'entendit pas cette dernière phrase. Fâché, il avait déjà claqué la porte.

Imja, SERS-MOI UN VERRE

Autrefois dans un village, lorsque les tigres aimaient à fumer la pipe, il y avait un jeune homme bien gentil mais un peu simple. On n'avait jamais vu garçon plus timoré, un vrai niquedouille ! Personne ne lui avait jamais rien appris, personne ne l'avait encore dégourdi et par ailleurs, il ne s'était jamais montré curieux de ce que les filles pouvaient cacher dans leur giron.

Ses parents réussirent tout de même à le marier. Mais durant la nuit de noce, son épouse, aussi avenante qu'elle fut, malgré ses avances, ses sourires et ses postures alanguies, n'arrivait pas à le déniaiser. Elle eut beau dénouer ses rubans, le garçon ne perçut pas le sentiment de printemps[5] qui animait la jeune mariée. Il prétexta la fatigue et l'heure tardive, pour la laisser interdite et se rouler seul dans ses couvertures, à l'autre bout de la chambre.

Il en fut de même la nuit d'après et les suivantes. Le pauvre niquedouille ne comprenait rien aux minauderies de sa femme.

Un jour, fermement décidée, la belle s'en alla rejoindre son époux aux champs à l'heure du déjeuner. Dans un panier, elle lui apporta son riz, un

---

5 Le sentiment de printemps (춘정, 春情) est une métaphore du désir charnel.

peu de *kimchi* et un cruchon de *makgeolli*. Elle avait dans l'idée qu'un peu d'alcool le rendrait plus hardi qu'à l'accoutumée.

Au pied du coteau, le garçon s'installa à l'ombre pour manger, le dos bien calé contre le tronc d'un micocoulier. Sa femme vint s'asseoir, jambes écartées, face à lui un peu plus haut sur le talus.

– Ah, ce qu'il fait chaud, geignit la jeune femme. Je suis en feu.

Puis pour appuyer son propos, elle releva sa jupe jusqu'au nombril et commença à s'éventer avec le pan de son jupon, dévoilant aux quatre vents sa porte des secrets.

Le garçon ne comprenant pas où voulait en venir sa femme, ne prêta pas vraiment attention à son manège. Mais comme elle s'était mise à soupirer bruyamment tout en ouvrant et fermant les genoux, il se mit à l'observer plus attentivement. Sa dernière bouchée de riz avalée, il se servit une bolée de *makgeolli* et demanda perplexe :

– *Imja*, peux-tu me dire pourquoi cette partie de ton corps n'est pas comme la mienne.

– Cette partie-là ? interrogea la femme en écartant les cuisses ? Eh bien, lorsque je suis venue, panier sur la tête, vous apporter votre déjeuner, j'ai glissé et je suis tombée sur une souche. À cause de ce vilain tronc, ma fleur est toute en feu.

– *Aïgo* ! Ça doit faire mal. Qu'est-ce que je peux faire pour te soulager ? demanda le mari.

– Essayez donc de me masser ici avec ce que vous avez là. Si vous frottez bien, je suis certaine de guérir.

C'est ainsi que le niquedouille fut déniaisé. Mais, malheureusement, le garçon resta nigaud. Les soins qu'il avait prodigués sur sa jeune épouse lui avaient tant plu, qu'il n'avait de cesse de vouloir recommencer. L'envie lui poussait en tout lieu et à n'importe qu'elle heure du jour ou de la nuit. Ça lui prenait même lorsque les voisins passaient par là, ou encore à l'heure des repas. Il était devenu si collant que sa femme avait du mal à s'en détacher. Un jour, embarrassée car il se faisait trop pressant, elle lui souffla à l'oreille :

– J'aime beaucoup quand vous me faites ça. Mais si on nous voit, on se moquera de nous. Il vaut mieux faire cela quand personne ne peut nous voir. Aussi, lorsque votre désir ne peut plus attendre, dites-moi : « *Imja*, sers-moi donc un verre. » À ce signal, je comprendrai et je ferai en sorte de vous satisfaire, loin du regard des autres.

Grâce à cette connivence, le couple put enfin vivre son intimité en toute discrétion.

Et puis un matin, le père de la mariée s'invita au petit-déjeuner. La femme se pencha en avant pour mettre le couvert, ce qui donna des idées au mari :

– *Imja*, sers-moi donc un verre, dit précipitamment le jeune homme.

À l'éclat du regard de son mari, la femme devina tout de suite ce qu'il lui réclamait.

– Oui, tout de suite, répondit-elle, je finis de préparer le petit déjeuner et je m'occupe de ça.

Le père fut un peu surpris d'entendre son gendre réclamer de l'alcool de si bon matin. Mais après tout, l'idée de boire un bon coup avec son riz du matin ne lui déplaisait pas. Alors il attendit patiemment qu'on apporte une cruche de *makgeolli*. Sa fille servit le repas, mais oublia l'alcool. Le jeune homme ne sembla pas remarquer ce détail et les deux hommes commencèrent à manger. Déçu de ne pas boire un peu d'alcool, le père fut ragaillardi, quand, au milieu du repas, son gendre réclama pour la seconde fois :

– *Imja*, sers-moi donc un verre.

Mais contre toute attente, sa fille avait répondu :

– Finissez donc tranquillement votre repas avec mon père. Je servirai votre verre après, dans la chambre de derrière.

Le père fut étonné de cette réponse absurde, lui aussi aimait l'alcool et il n'y avait aucune raison pour qu'on le prive de ce plaisir. Alors quand il vit son gendre engloutir le reste du petit déjeuner en trois coups de baguettes pour filer dans la chambre du fond, il se fâcha tout à fait, pestant contre son merdeux de gendre. Puis, il claqua la porte, jurant qu'après un tel affront, il n'était pas prêt de revenir.

Lorsque quelques jours plus tard la fille alla rendre visite à ses parents, sa mère lui reprocha :

– Tu sais, ma fille, la dernière fois que ton père est venu vous voir, vous l'avez vraiment mal accueilli. Tu ne peux pas agir de la sorte !

Alors honteuse, la fille expliqua tout, et quand elle eut fini son histoire, tous, y compris son père, rirent de bon cœur.

La porte des secrets

Quand les tigres faisaient des ronds avec la fumée de leur pipe, l'imagination, en matière de métaphores amoureuses, était parfois surprenante. Comment pourrait-on aujourd'hui deviner qu'à cette époque, l'oreille de souris était une expression qui désignait ce petit bouton, cette petite chose grosse comme un grain de millet, planté juste à l'entrée de la porte des secrets ? Dans un village, une femme ne savait rien des choses qui différencient les hommes des femmes. Personne ne lui avait enseigné les principes mâle et femelle. Personne ne lui avait appris, ni même son mari avec lequel d'ailleurs elle n'avait jamais couché. Ils dormaient dans des chambres séparées, elle n'avait jamais eu l'occasion de voir le corps nu d'un homme, et personne ne l'avait même renseignée sur le sien.

Chaque soir pourtant, son mari entrait dans sa chambre pour tenter de dénouer les rubans de son *hanbok*. Mais chaque soir, à cause d'un excès de pudeur, elle n'avait jamais accepté que son mari la déshabille. Elle refusait même que son mari lui retire le moindre vêtement. C'est pour cela que le couple n'avait pas pu concevoir d'enfant. Le pauvre mari ne savait pas comment faire pour convaincre son épouse. Et comme elle était d'une beauté fragile, il se refusait de la violenter.

Cette situation s'éternisait et commençait à l'embarrasser sérieusement. Il brûlait bien sûr d'envie de consommer son mariage, mais ce qui le gênait davantage était qu'il ne puisse pas avoir de descendance. Un jour, il deviendrait vieux et en bon confucianiste, il devrait avoir des enfants pour lui succéder et assurer les rites des ancêtres. Sans descendance, il rompait le cycle de la vie, n'était qu'un ingrat vis-à-vis de toutes les générations passées dont il était le dernier maillon. Il lui fallait à tout prix trouver une solution.

Il réfléchit longuement et finalement sourit. Il avait peut-être trouvé une issue à son problème.

Le lendemain matin, après le petit déjeuner, il se livra à un étrange manège. Il se rendit dans la cour, jusqu'au portail qui donnait sur la rue, puis avec de grands gestes de comédien, il se mit à parler dans le vide, comme s'il discutait vivement avec quelqu'un derrière le mur d'enceinte. Puis avec un air catastrophé, il se précipita à l'intérieur de sa maison et appela sa femme :

– *Imja* ! Prépare immédiatement mon *dopo* ! Je dois partir sur le champ.

– Oui mon mari, j'apporte tout de suite votre costume de cérémonie, répondit la femme. Mais pourquoi tant de précipitation ? Que se passe-il donc pour que vous soyez si affolé ?

– Il y a que je dois apporter mes condoléances à l'un de mes meilleurs amis. Tu ne le connais pas, mais il habite dans un village voisin. Sa femme vient subitement de mourir. Une maladie foudroyante !

– Une maladie foudroyante ? interrogea la femme. Mais n'est-ce pas dangereux d'y aller ? Ne risquez-vous pas, à votre tour, d'attraper son mal ?

– Pour cela, ne t'inquiète pas ! C'est une affection qui ne touche que les femmes, répondit très sérieusement le mari.

– Que les femmes ? reprit l'épouse.

– Oui, c'est ça. Que les femmes, confirma gravement le mari. Écoute bien : la femme de mon ami n'était jamais entrée en contact avec lui. Elle refusait constamment, malgré son insistance, qu'il ne la touche. Le résultat est horrible. C'est un peu gênant de te dire tout ça. Mais figure-toi, juste sur le seuil de la porte des secrets, une petite tumeur est apparue. Elle ressemblait à l'oreille d'une petite souris. Cette tumeur a fini par grandir de plus en plus, et finalement, la femme de mon ami en est morte. Pour te dire franchement, je ne savais pas qu'une oreille de souris pouvait être si horrible.

Après avoir entendu le récit si convaincant de son époux, la femme réfléchit un instant. Son mari venait d'enfiler son habit de cérémonie et s'apprêtait à sortir.

– Attendez, attendez avant de partir ! lança-t-elle d'une voix pressante. Il nous faut vérifier quelque chose.

Elle lui tourna le dos brusquement, s'assit les jambes écartées, puis fébrile, fouilla dans ses sous-vêtements jusqu'à la porte des secrets. Elle s'examina avec beaucoup d'attention et poussa un long cri de surprise. Ce qu'elle redoutait était bien là :

– Mon mari ! Moi aussi ! Une oreille de souris pousse à ma porte des secrets. Avant que tu ne partes apporter tes condoléances à ton ami, je te supplie de traiter mon oreille de souris !

Alors le mari sourit. Et sous prétexte de lui apporter le traitement radical contre l'oreille de souris, il dénoua les rubans pour câliner sa porte des secrets dont les sucs, bientôt, débordèrent.

Depuis ce jour, elle ne passa plus une nuit sans son mari, elle y prit même tellement goût qu'il lui semblait mourir chaque fois que son mari devait s'éloigner d'elle.

La graine empruntée

Dans un village, quand les tigres fumaient leur pipe, il y avait deux hommes. L'un s'appelait Yi et l'autre Oh. Nés le même jour de la même année, le destin en avait fait les meilleurs amis du monde. Ils jouaient ensemble comme des frères. Et à l'école, s'aidant mutuellement, ils avaient toujours eu les mêmes résultats. Devenus adultes, ils avaient su éviter les querelles des rivalités amoureuses, d'ailleurs, ils avaient chacun trouvé chaussure à leurs pieds et s'étaient mariés le même printemps.

Peu de temps après, le ventre de la femme de monsieur Oh s'arrondit. Mais on n'entendit aucune nouvelle en ce qui concernait la descendance de monsieur Yi. Quand la femme de monsieur Oh accoucha, il accrocha un gros piment rouge à sa porte, pour montrer au voisinage que le ciel lui avait donné un garçon. Monsieur Yi et sa femme s'en allèrent consulter le médecin pour connaître la raison de leur infertilité :

– Monsieur Yi, si le ventre de votre femme reste plat, c'est que votre scrotum l'est aussi, diagnostiqua le médecin. Mais si vous prenez mon remède, il est tout à fait possible que tout revienne en ordre.

Le couple de monsieur Yi prit pendant plusieurs mois les médicaments prescrits, mais rien n'y fit, il resta infécond.

Pendant ce temps, la femme de monsieur Oh donna naissance à une fille. Alors le papa accrocha cette fois un morceau de charbon de bois de chêne.

Monsieur Yi et sa femme ne perdirent cependant pas espoir. Ils consultèrent des shamans qui leur conseillèrent des décoctions de plantes revigorantes. Ils portèrent des offrandes aux *jangseung* aux pieds desquels ils prièrent. Mais peine perdue, les bourses de monsieur Yi restèrent molles.

Trois ans plus tard, quelques jours avant le nouvel an lunaire, les deux amis se retrouvèrent pour faire des achats avant les festivités. Ils achetèrent presque la même chose, mais monsieur Oh acheta en plus des chaussures pour ses enfants et puis du papier *hanji* pour réparer les portes et les fenêtres.

– Ah ces vilains garnements, pesta monsieur Oh. Ils ont fait des trous dans presque toutes les portes. Et je ne te parle pas de la fenêtre de la chambre.

Monsieur Yi se souvint de son enfance. Lui aussi, lorsqu'il était enfant, pour satisfaire sa curiosité, cloc !, du bout du doigt il perçait un trou dans le claustra des portes pour épier, d'un œil indiscret, ce qui se passait de l'autre côté de la cloison. Puis, en regardant les courses de son ami, une pointe de rancœur écorcha son sourire. Lui aussi, il aurait aimé acheter des chaussures à ses enfants. Alors pour se consoler, ils s'invitèrent dans une auberge pour boire un verre de *magkeolli*. Ils burent pour se griser un peu. Monsieur Oh pour oublier que ses enfants lui coûtaient cher. Et monsieur Yi pour oublier qu'il n'en avait pas.

Plus tard, titubant, ils retournèrent chez eux. Comme ils étaient voisins, monsieur Yi entendit le joyeux chahut des enfants de monsieur Oh qui découvraient les chaussures apportées par leur père. Le monde lui semblait injuste, et les larmes lui montèrent aux yeux. Et quand il rentra chez lui, dédaignant le vent froid de l'hiver, par dépit, cloc !, d'un coup de doigt sec, il perça le papier de la porte. Depuis qu'il était marié et installé dans cette maison, pas une seule fois il n'avait eu à le changer, jamais aucun enfant ne l'avait percé ni sali. Le papier de ses portes et fenêtres était propre, désespérément trop propre.

– Ah, si seulement nous avions un enfant, sanglota monsieur Yi.

La femme de monsieur Yi rejoignit son mari, tomba dans ses bras pour pleurer avec lui. Cette année là encore, rien ne vint égayer la cérémonie des ancêtres et l'autel des offrandes leur parut bien morne.

Plus tard dans la soirée, à l'heure où la première lune de l'année se lève, les hommes avaient l'habitude de se regrouper pour jouer au *yut*. Autour du grand tapis de jeu déroulé à même le sol, les hommes riaient, criaient, pariaient. Quand monsieur Yi arriva, l'air morose, c'était au tour de monsieur Oh de lancer les quatre petits bâtonnets. Les pièces de bois roulèrent sur le tapis, s'arrêtèrent tous sur leur face dessinée d'une croix. Ce qui souleva des exclamations admiratives de tous. On déplaça les pions, certains hommes vinrent amicalement lui frapper l'épaule, son équipe venait de remporter la partie. Rapidement, les billets de banque passèrent de main en main.

Monsieur Yi tira son ami par la manche et l'emmena vers une pièce plus tranquille au fond de l'auberge, Là, il commanda une cruche de *magkeolli*, puis d'une voix blanche, il souffla :

– J'ai quelque chose de délicat à te demander.

– Tu sais bien que je ferais n'importe quoi pour toi, répondit son ami Oh.

– Promets-moi quand même de faire ce que je te demanderai sans faire d'histoire, implora monsieur Yi.

– Je suis ton ami, demande moi tout ce que tu veux, confirma monsieur Oh.

Alors, monsieur Yi murmura longuement et doucement quelque chose à l'oreille de monsieur Oh. Et lorsqu'il eut fini de parler, monsieur Oh, embarrassé, se redressa brutalement :

– Non, non, non ! Tu peux tout me demander, mais ça, je ne le pourrais pas !

– Ce n'est pas une idée en l'air ! continua monsieur Yi qui voyait son ami se dédire. Crois-moi, j'y pense depuis longtemps. Je te promets que seul le Ciel, toi et moi saurons la chose. Toi, mon ami ! Il n'y a qu'à toi que je peux demander une chose pareille. N'as-tu pas pitié de moi ? Regarde-moi ! Mais regarde-moi donc, comme je suis misérable et malheureux sans enfant ! implora monsieur Yi.

Monsieur Oh baissa la tête, se servit une bolée de *makgeolli* qu'il but d'un trait avant de s'en resservir une autre, et puis encore une autre jusqu'à ce que la cruche soit vide. Ils burent ainsi jusqu'à la plus profonde heure de la nuit.

La femme de monsieur Yi, qui avait travaillé bien durement toute cette journée de fête, dormait maintenant très profondément. À cette heure silencieuse, la porte glissa doucement, un homme nu pénétra tranquillement dans la chambre et vint s'allonger contre le corps de la femme. Cloc !, de l'autre côté de la cloison, un doigt perça le papier de la porte. L'œil de monsieur Yi s'y colla pour observer monsieur Oh qui embrassait sa femme. Endormie, elle ne se douta de rien. L'homme qui la collait étroitement empestait l'alcool, alors elle lui tourna le dos. Lui se logea tendrement au creux de ses reins. La femme de monsieur Yi, trop fatiguée, laissa monsieur Oh faire son affaire. Quand il se retira, il regarda une dernière fois la femme qu'il avait possédée. Inconsciente, le sommeil l'avait de nouveau attrapée. Une autre ombre entra dans la chambre ; monsieur Yi enlaça sa femme. Monsieur Oh rentra chez lui.

Quelques temps plus tard, la femme de monsieur Yi commença à avoir des envies étranges. Curieusement, malgré ses nausées, elle ne voulait manger que des choses amères. Les mois passèrent, et juste après les récoltes d'automne, elle donna naissance à un fils beau comme la lune. Il était si beau que sa mère en fut émue jusqu'aux larmes. Ce fils, qu'elle avait eu avec tant de difficulté était un cadeau du ciel.

L'enfant grandit sans aucune difficulté, et quand il fut en âge d'aller à l'école, il surprit son maître par sa finesse et sa perspicacité.

– C'est un très bon élève. Il a des dispositions extraordinaires pour les études, avouait fièrement son maître.

Ainsi, le garçonnet rattrapa aisément ses ainés dans l'étude des mille premiers caractères chinois. Et bientôt, la rumeur que le fils de monsieur Yi était un prodige, circula dans toute la région.

Tout cela était bien évidemment arrivé aux oreilles de monsieur Oh. Alors, chaque fois qu'il avait un moment de libre, il allait faire un tour du côté de l'école, où il épiait l'enfant par-dessus la clôture. En fait, monsieur Oh n'arrivait à se sortir de la tête que le fils de son voisin était le sien.

À l'âge de sept ans, le fils de monsieur Yi était déjà si avancé, que le maître d'école n'hésitait pas à lui confier la charge de toute la classe lorsqu'il devait s'absenter. Monsieur Oh, dont les enfants étaient bien plus âgés, en ressentait une grande amertume. Le maître aurait plutôt dû choisir l'un de ses fils légitimes, bien plus mûrs pour cette responsabilité. Mais même si monsieur Oh était rongé par la jalousie, il essayait toujours de cacher ce mauvais sentiment chaque fois qu'il se trouvait avec son ami, monsieur Yi.

Un jour, alors que les deux amis étaient au marché, ils croisèrent le maître d'école :

– Ah monsieur Yi, je suis content de vous rencontrer. L'an prochain sera organisé un grand examen national, je pense que votre fils, vu ses aptitudes, a toutes les chances de succès. En tout cas, s'il réussit, une voie exceptionnelle s'ouvrira devant lui. Votre fils deviendra certainement haut fonctionnaire. Quelle gloire pour votre famille !

Si ces paroles réjouirent monsieur Yi, monsieur Oh en fut bouleversé. Les jours suivants, monsieur Oh invita son ami à la taverne pour boire de l'alcool, mais surtout pour tenter de lui confier ce qui le rongeait. Et puis un soir, alors que les deux hommes étaient ivres, monsieur Oh trouva la force et brutalement lança :

– Rends-moi mon fils !

Ces mots percèrent le cœur de monsieur Yi comme un coup de poignard.

– Non ! cracha-t-il, tu ne peux pas me demander ça.

Puis, il se leva sans même finir son verre et quitta la gargote. À partir de ce soir-là, chaque fois que les deux hommes se rencontraient, ce n'était que regards en biais et insultes à mots couverts.

Comme aucun des deux n'arrivaient à faire entendre raison à l'autre, monsieur Oh finit par aller se plaindre au *satto*, le gouverneur du village. Ce dernier convoqua les deux hommes pour tenter de débrouiller cette affaire hors du commun.

– Cet enfant est de mon sang, plaida monsieur Oh. C'est l'œuvre du ciel avec mon sang.

– Parlons-en du ciel, répliqua monsieur Yi. Nous avons fait un serment. Il n'y a rien de plus sacré qu'un serment ! Seul le ciel, toi et moi savons ! Et puis, ce garçon, c'est moi qui l'ai élevé depuis sa naissance.

Le *satto* embarrassé ne savait pas quelle décision prendre. Alors, il fit venir l'enfant. Le gouverneur lui expliqua en détail le différend qui séparait les deux pères. Et pour finir, il lui demanda :

– Et toi, qu'en penses-tu ?

Le garçonnet de sept ans réfléchit longuement. Il leva les yeux au ciel, puis essuyant les grosses larmes qui lui roulaient sur les joues, donna finalement sa réponse :

– Au printemps quand on repique le riz, il arrive qu'un paysan n'ait pas assez de plants pour finir son champ. Alors il demande à ses voisins s'ils peuvent lui céder les quelques semis qui lui manquent. Généralement, les voisins donnent de bon cœur les pousses qu'ils ont en surnombre. Et puis à l'automne, lorsque le temps des récoltes arrive, jamais personne ne vient réclamer le riz des semis offerts.

– On m'avait dit que tu étais sage, et j'en vois ici la preuve, dit le *satto*.

Puis se tournant vers les deux hommes, il clama d'une voix forte :

– Le jugement a été donné ! Écoutez bien, Monsieur Oh, la prochaine fois que vous viendrez vous plaindre devant la justice pour du vent, il faudra aussi vous préparer à la bastonnade. Il en sera également ainsi, si vous persister à affirmer que cet enfant n'est pas celui de monsieur Yi.

Puis, le fils prit son père par la main et lui dit doucement :

– Viens papa, rentrons chez nous.

Sur le chemin du retour, monsieur Yi dut s'arrêter plusieurs fois à cause des larmes qui lui brouillaient la vue.

Les caprices d'un bébé

À l'époque où les tigres bourraient leur pipe de tabac brun, les hommes mariés de bonnes familles ceignaient leur front d'un large serre-tête en soie. Au-dessus de celui-ci, ils posaient leur chapeau noir, haut-de-forme dont le cylindre étroit et légèrement conique dominait un large bord plat. L'ensemble, tissé de matériaux divers comme des crins de chevaux, de la soie, mais aussi de fines lamelles de bambou à peine plus épaisses qu'un fil, laissait, comme à travers un tulle obscur, deviner leur chignon qui se dressait fièrement, planté au sommet du crâne.

Dans un village, un jeune couple attendait un heureux évènement. La femme enceinte avait rêvé d'un tigre bondissant. Elle était donc certaine d'avoir conçu un fils. La grossesse se passait bien et de semaine en semaine son ventre s'était arrondi. D'ordinaire, les bébés coréens naissent au dixième mois[6], mais celui-ci voulait sans doute se faire désirer et resta bien au chaud dans le calice de sa maman. Au douzième mois, l'enfant n'était toujours pas sorti. Et quand arriva le quinzième, le père, partagé entre la

6 En effet les Coréens ne comptent pas comme les Occidentaux. En Corée, Le premier mois est compté à partir de la conception, alors qu'en Occident on compte le premier mois une fois que celui-ci est révolu.

honte de ce que pouvait penser le voisinage et l'inquiétude de voir le ventre de sa femme éclater demanda :

– Les autres femmes accouchent au bout du dixième mois. Cela en fait quinze maintenant, qu'est-ce que tu attends pour donner naissance à notre enfant ?

– Regarde donc ! répondit la femme.

Et en disant cela, elle souleva sa jupe et baissa son sous-vêtement. Le mari se pencha, lui écarta les jambes et regarda attentivement entre les cuisses de son épouse. Là, il vit le visage d'un bébé qui le regardait les yeux grands ouverts.

– Pourquoi ne sors-tu pas ? demanda le père embarrassé. Qu'est-ce que tu fabriques ? Ne sais-tu donc pas que tout le monde t'attend ?

– À quoi bon sortir ? répondit le bébé. Mieux vaut rester dedans à faire du commerce. Je crois que je vais faire de bonnes affaires.

– Et quelles affaires comptes-tu faire ? interrogea le père.

– Je vais vendre des serre-tête. Ici, pour les affaires, rien ne vaut les serre-têtes.

– Et pourquoi donc des serre-tête ? fit le père décontenancé.

– Eh bien, tout d'abord, pour faire des chapeaux et des serre-tête, il faut du crin. Et comme vous le voyez, ceux qui poussent tout autour de ma porte sont abondants et de première qualité.

– Si tu fabriques des serre-tête, à qui donc les vendras-tu ? continua le père de plus en plus étonné par cette situation absurde.

– Je vais commencer à en vendre à ce chauve qui n'a même pas de chapeau, répondit le bébé.

– Quel chauve ?

– Tous les jours, il y a ce long type chauve qui ne fait que rentrer et sortir. Il fait si souvent ses allers-retours que je n'ai pas encore eu le loisir d'aller faire un tour dehors.

– Ah ! je vois que tu connais déjà beaucoup de choses sur ce qui rassemble les hommes et les femmes, répliqua le père. Mais, s'il n'a pas de cheveux, ton chauve n'a pas besoin de serre-tête pour lui tenir le chignon. D'ailleurs, ce chauve, comme tu dis, n'est pas là pour l'instant, rajouta le père en riant. Tu devrais en profiter pour venir voir comment c'est à l'extérieur.

Et c'est ainsi que la femme fut délivrée de son bébé.

Le mauvais doigt

Il y a bien longtemps, alors que les tigres avalaient la fumée de leur longue pipe, dans la province du Gwanseo, celle qui entoure Pyongyang, la vieille capitale du nord, un éleveur de vers à soie était en proie à de graves problèmes. Ses chenilles avaient dévoré toute sa réserve de feuilles de mûrier et les branches des arbres près de chez lui étaient maintenant désespérément nues. Pour éviter le pire et ne pas perdre son élevage, le paysan s'était vu contraint de prendre sa hotte et de battre la campagne. Il marcha un certain temps, traversa plusieurs villages sans voir un seul mûrier dont il pourrait récolter les feuilles. Il commençait à perdre espoir quand, au détour du chemin, il découvrit un profond bois de mûriers en bordure d'une grande maison. En s'approchant, l'éleveur s'étonna de constater que les arbres étaient laissés à l'abandon et semblaient n'être exploités par personne. Excité par sa trouvaille, il s'enfonça dans cette forêt épaisse, admirant les larges couronnes chargées de feuilles aussi belles que grasses. À n'en pas douter, il venait de découvrir une véritable mine pour nourrir ses vers. Plus loin, il remarqua une natte déroulée au pied de ce qu'il pensa être le plus grand mûrier du bois, l'arbre majestueux devait en indiquer le centre. Tout autour du tronc, l'herbe était couchée. L'éleveur pensa que cela devait être sans aucun doute l'œuvre de quelques garnements venus jouer à cet endroit et il n'y porta plus attention. Il jeta son dévolu sur un autre arbre non loin de là dont les branches basses lui permettaient d'y grimper facilement.

Tranquillement assis dans les plus hautes ramures, là où les jeunes feuilles sont les plus tendre, l'éleveur venait tout juste de sortir sa serpe, qu'un jeune gaillard arriva en courant, du fin fond du bois. L'homme jeta un regard à droite puis à gauche, comme pour s'assurer qu'il n'avait pas été suivi, puis ne voyant personne, il siffla longuement. La réponse ne se fit pas attendre bien longtemps, car de l'autre côté, celui de la grande maison, une jolie jeune femme accourut à son tour. Elle ne devait pas avoir plus d'une vingtaine de printemps et portait à son bras un panier chargé d'une cruche de *makgeolli* et de quelques amuse-gueules pour les plaisirs de bouche. Aussitôt qu'elle fut arrivée sous le gros arbre, le gaillard délesta la jeune femme de son panier pour dénouer les rubans de son *hanbok*. En moins de temps qu'il ne faut pour le dire, les amoureux s'enlacèrent et roulèrent sur la natte. Impétueux, ils y mirent toute leur fougue. Mais à trop se précipiter, les voilà, déjà, l'un comme l'autre en pamoison.

La chose vite faite, l'amant continua à caresser tendrement sa belle encore essoufflée.

– L'amour n'est pas seulement une affaire de corps, ronronna la femme. L'amour c'est aussi une affaire de cœur et de tripes. Nous devrions, chacun notre tour, vérifier notre amour dans ce sens-là. D'abord, je vais prendre ta tige de jade dans ma bouche, puis ce sera à toi de faire pareil avec ma porte des trésors. Tu es d'accord ?

L'homme acquiesça, puis s'avançant, il s'offrit aux lèvres de la jeune femme qui l'engloutit pour le suçoter longuement comme un morceau de *yeot*. Après cela, elle ouvrit ses cuisses révélant sa porte de jade. Le gaillard se pencha, observa longuement le chambranle de l'ouverture, puis perplexe se releva.

– Ta porte de jade est toute en creux. Je ne vois pas comment je pourrais la faire entrer dans ma bouche. Tiens, je te propose d'y glisser ce doigt, quand il en sortira je le sucerai. Qu'est-ce que tu en penses ?

La femme consentit, alors le gaillard fit comme il avait dit. Il fit pénétrer son majeur le plus profond qu'il put, mais une fois dedans, il sentit tous les fluides poisseux de leur dernier ébat. Tout cela n'était pas trop ragoutant. Alors, lorsqu'il sortit son majeur gluant pour le porter à ses lèvres, il l'escamota et enfourna son index.

Mais la femme s'aperçut du subterfuge.

– Ce n'est pas le bon doigt ! explosa-t-elle de colère. On était d'accord pour tester notre amour dans nos cœurs comme dans nos tripes ! On était d'accord, non ? Et tu devais utiliser ce doigt-ci ! Alors pourquoi as-tu sucé ce doigt-là ?

– Que me chantes-tu là ? rétorqua l'homme sans se démonter. C'est bien ce doigt-là que j'ai utilisé et non pas ce doigt-ci ! Il n'y a pas de quoi pleurnicher !

La discussion s'envenima à savoir qui avait raison, quand, subitement, venue du ciel une voix tomba :

– Hé toi ! s'exclama l'éleveur de vers à soie. C'est bien ce doigt-ci que tu as utilisé et non pas ce doigt-là ! J'en suis certain. Tu n'es qu'un vil menteur.

Surpris d'être confondu par un témoin de la scène, le gaillard rouge de honte saisit à la hâte ses vêtements et s'enfuit sans demander son reste. Puis, un clou chassant l'autre, la place étant encore tiède, le paysan descendit tranquillement de son arbre pour s'allonger auprès de la jeune femme, qui nue et apeurée, s'était recroquevillée dans un coin de la natte. Cependant, à force de cajoleries et de mots tendres, elle s'émoustilla derechef et s'abandonna dans les bras de ce nouvel amant. Enfin, pour clore l'événement, ils sirotèrent le *makgeolli* tout en grignotant les amuse-gueules. Quand tout fut consommé, c'est l'esprit léger et la hotte pleine de feuilles de mûrier que l'éleveur de vers à soie revint chez lui.

Mais l'anecdote ne s'arrête pas là, car depuis cet évènement, le lieu-dit où se dressait la grande maison à l'orée de ce bois de mûriers porte, toujours aujourd'hui, le nom de Biji (비지), ce qui signifie le « mauvais doigt ».

L'ASCENSION DE LA PETITE SERVANTE

Au temps où les tigres fumaient la pipe, les riches demeures de familles importantes, qu'elles soient de lignée aristocrate, savante, ou bourgeoise, avaient un agencement particulier. Passé le lourd portail du mur d'enceinte, on se retrouvait dans une vaste cour où se dressaient plusieurs constructions. On y trouvait la maison du maître des lieux, les dépendances pour loger les domestiques et autres commodités, mais également une seconde enceinte fermée, elle aussi par un portail, qui s'ouvrait sur le quartier des femmes. Dans ce gynécée, vivaient la première épouse et les suivantes, communément appelées concubines. Si le maître du logis entrait à sa guise dans les appartements des femmes, ces dernières ne pouvaient pas toujours en sortir librement.

Seule la descendance mâle du premier lit était importante, car il revenait à l'aîné d'assurer la continuité familiale. Il héritait du patrimoine mais également de toutes les charges liées au culte des ancêtres.

Tous les hommes n'avaient pas de concubines, mais il était de bon ton qu'un homme de condition comptât plusieurs femmes dans son gynécée. Il marquait ainsi sa puissance tant pécuniaire que virile. Ainsi, certaines épouses n'hésitaient pas à pousser leur époux à prendre une concubine pour qu'elles puissent afficher leur rang. D'autres plus possessives voyaient d'un mauvais œil ces rivales. Toutefois, certains hommes se contentaient d'une seule épouse à laquelle ils donnaient tous leurs sentiments.

C'était le cas d'une femme de Hanseong, la capitale, dont le mari, pourtant haut fonctionnaire énergique et encore vert, n'avait pas pris de concubine. Ce haut fonctionnaire était d'ailleurs si épris de sa femme que chaque nuit, il lui rendait visite au moins une fois. Il venait la voir, même lorsqu'il était ivre-mort après un diner trop arrosé. Et quand les affaires de l'État le retenaient loin de chez lui plusieurs nuits de suite, à son retour, il filait dans les appartements de sa femme pour y dénouer les rubans de son *hanbok*[7] et n'en sortait qu'au bout de plusieurs heures.

Mais, étrangement, du jour au lendemain, ce haut fonctionnaire cessa toute visite à son épouse. Au bout de quelques jours, esseulée et se sentant négligée, la femme s'irrita. La situation ne pouvait pas continuer comme cela, il fallait qu'elle sache pourquoi son époux ne venait plus.

Elle prit un bain de siège, se maquilla avec soin, prépara elle-même sur une petite table basse un flacon du meilleur alcool et quelques poissons délicatement séchés. Elle se rendit dans la cour intérieure pour aller épier à la porte de son époux. Dormait-il déjà ? Pouvait-elle entrer et le déranger ? Rien, tout était silencieux, pourtant il devait bien s'y trouver. Puis s'armant de courage, elle retourna dans sa chambre, se saisit de la table basse et retourna à la chambre de son mari. Doucement, elle fit coulisser la porte et entra. Le haut fonctionnaire se leva lentement et lui dit simplement, dans la plus grande politesse :

– Ma Dame, je me sens un peu grippé.

Puis observant la table basse avec indifférence, il se servit une tasse d'alcool, mais dédaigna les baguettes, signifiant ainsi qu'il ne toucherait à aucun des mets apportés par son épouse. Humiliée et confuse de honte, la femme reprit la table basse, et lança, dans sa révérence, un faible :

– Bonne nuit ! avant de disparaitre dans l'obscurité.

---

7 Dénouer les rubans du *hanbok* (한복, 韓服), le vêtement traditionnel coréen, est une métaphore de l'acte amoureux.

De retour dans sa chambre, la femme éconduite but d'un trait le reste du flacon pour noyer dans l'alcool l'affront de son mari.

– Ce coup de froid, cette soudaine grippe qui s'éternise, siffla-t-elle entre ses dents, n'est qu'un prétexte. À tous les coups, il doit entretenir une relation secrète avec une concubine.

À partir de ce soir-là, elle ne cessa de ruminer de sombres pensées et son cœur se rongea de jalousie. Il fallait qu'elle sache. Mais elle avait beau guetter les allées et les venues, elle n'arrivait pas à dénouer le mystère de la soudaine froideur de son mari.

Finalement, un soir, à l'heure où la lune veille sur le sommeil de tous, poussée par une envie pressante, l'épouse sortit pour aller aux cabinets d'aisance. Soudain, une ombre traversa la cour en coup de vent. Intriguée, elle décida de suivre cette ombre. Celle-ci disparut mystérieusement juste devant la chambre du haut fonctionnaire. Il y avait bien anguille sous roche !

La femme colla son oreille contre le papier de la porte et entendit des gémissements. Le haut fonctionnaire n'était pas seul !

– Qui donc cela peut-il être ? se demanda-t-elle.

Puis, en y réfléchissant bien et en écoutant attentivement, elle se fit une opinion plus précise. Depuis quelques temps, les fesses de Septembre[8], la toute jeune servante, s'étaient épanouies. Son visage aussi était devenu plus avenant. La petite n'était plus une gamine. Et depuis quelques temps, l'épouse s'exaspérait de l'air niais des autres serviteurs chaque fois qu'ils portaient leurs regards baveux sur l'adolescente. Elle aurait dû porter plus attention à tous ces comportements. Elle aurait pu, alors, deviner que son mari était, lui aussi, attiré par ce tendron.

D'un seul coup, elle sentit son sang bouillir contre Septembre. La main sur la porte, elle voulut entrer dans la chambre pour démasquer les deux amants. Mais elle se ravisa. À jouer la carte de l'esclandre, elle risquait le

8 Cette domestique porte en fait le nom de Guwol (구월, 九月), qui littéralement signifie neuvième lune, c'est-à-dire septembre. Il est fort possible que des parents, peu imaginatifs, aient donné à leur enfant le nom de son mois de naissance.

déshonneur. Si elle ne voulait pas perdre son prestige, elle devait se garder d'un affront. Alors, silencieusement, elle retourna dans ses appartements pour méditer la stratégie à suivre.

Arrivée dans sa chambre, le doute l'assaillit. Finalement, elle n'était pas vraiment certaine que ce fût la petite domestique. Cette pensée commença à la tourmenter. Elle voulait savoir. Alors à partir de cet instant, elle se mit en tête de surveiller Septembre, en particulier la nuit. Dès le soir suivant et toutes les autres nuits, la femme laissait sa porte entrouverte, tendait l'oreille, guettait le moindre mouvement. Mais, chose surprenante, rien ne se passa, aucune ombre ne traversa la cour. S'était-elle trompée ? Avait-elle eu une hallucination l'autre soir ? Septembre était-elle si discrète qu'elle parvenait à déjouer sa vigilance ?

Un jour, le haut fonctionnaire dut se rendre à une cérémonie familiale dans sa ville natale en province. Il revint deux jours plus tard à une heure très avancée de la nuit. Malgré l'heure tardive, sa femme l'attendait dans la cour. Mais, il ne la regarda pas et il ordonna froidement :

– Je suis fourbu, mes jambes sont lourdes, j'ai besoin d'un bon massage. Qu'on aille chercher Septembre, je l'attends dans ma chambre.

L'épouse du haut fonctionnaire était bouleversée de colère, mais que pouvait-elle faire sinon appeler la petite servante pour l'envoyer dans la chambre de son mari.

À partir de ce moment-là, l'attitude de Septembre changea radicalement vis-à-vis de sa maîtresse. Au lieu de courber la tête, elle levait le menton et plantait son regard dans celui de l'épouse du haut fonctionnaire. Elle ne marchait plus comme avant, voutée, à petits pas silencieux et timides, glissant ses sandales sur le plancher. Non, maintenant elle se tenait droite comme un bambou et faisait claquer ses talons à grandes enjambées.

Elle commença également à prendre ses aises dans la maison. En particulier, elle entrait et sortait de la chambre du haut fonctionnaire comme dans sa propre chambre. Alors qu'autrefois, elle ouvrait doucement la porte, glissait la tête, s'inquiétant si elle ne dérangeait pas le maître.

Un matin, excédée, l'épouse, sur la pointe des pieds, ne put s'empêcher de s'approcher de la porte de son mari pour y plaquer son oreille. Malheureusement pour elle, de l'autre côté de la cloison, Septembre s'en aperçut et ouvrit brusquement la porte.

– Qu'est-ce que vous espionnez ? souffla la servante. Si vous êtes curieuse, entrez donc vérifier ce que nous faisons !

L'épouse surprise, rouge de honte et de confusion, ne sut pas quoi répondre. Humiliée, elle tourna les talons et aussi vite qu'elle put, elle se réfugia dans sa chambre. Là, elle but d'un trait, à longues gorgées, un grand verre d'eau froide pour éteindre le feu de ses joues. C'en était trop !

L'ombrage de cette petite domestique lui était insupportable. Il lui faudrait la mettre en faute pour la faire chasser définitivement de la maison.

À partir de ce moment, tout devint sujet de reproche. L'épouse du haut fonctionnaire faisait de chaque broutille, un bâton d'une aiguille[9]. Les plats n'étaient plus jamais assez bien préparés, trop salés, trop cuits ou pas assez. À chaque repas, elle trouvait quelque chose à redire :

– C'est une catastrophe ! Tu as encore gâché le déjeuner ! ne cessait-elle de se plaindre ! Est-ce parce que tu viens d'une famille très pauvre, que tu ne fais rien normalement ?

Au début, Septembre laissa dire sa maîtresse et ne l'écouta que d'une oreille distraite, sans y accorder une réelle importance. Mais peu à peu, ces réprimandes incessantes commencèrent à agacer la jeune servante.

N'était-elle pas devenue la favorite du Maître ?

Alors, elle commença à manifester son impatience et son mécontentement. Elle ne voulait plus être traitée comme une simple domestique et demandait à être davantage respectée.

– Madame, pouvez-vous me dire ce que vous faites mieux que moi ? riposta, un beau jour, la servante. Notre Maître dit que mes travaux de couture sont plus fins que les vôtres. Il dit aussi que mes plats sont délicieux. Dans cette maison, personne, même pas vous, ne peut rivaliser avec mes talents de cuisinière.

– Carne ! Garce ! rugit l'épouse piquée au vif. Cette fois c'en est trop ! Je ne tolèrerai pas d'être injuriée sous ce toit. Quitte immédiatement cette maison !

---

9 Cette expression coréenne correspond à : « Monter quelque chose en épingle ».

– Si vous le dites comme cela, je partirai ! répliqua Septembre.

Et tête basse, elle fila dans le quartier des domestiques faire son baluchon. Puis, lorsqu'elle eut franchi le pas de la porte, elle se retourna et toisant sa maitresse, doucement, elle lança sa dernière pique :

– Notre Maître m'a aussi confié que j'étais bien meilleure que vous sous les draps ...

Puis, savourant un moment l'effet que produisit sa phrase, Septembre ajouta :

– C'est également ce que soutient Crotte-de-chien[10].

À ces mots, l'épouse devint écarlate. Crotte-de-chien était l'homme à tout faire de la demeure. Sans prendre le temps de se chausser, elle se précipita dans la rue pour prendre Septembre par le bras et la tirer vers l'intérieur.

– Ma chère Septembre, souffla l'épouse, pourquoi te fâches-tu de la sorte ? Ne comprends-tu pas la plaisanterie ? Tiens, en attendant d'avoir une nouvelle cuisinière, je préparerai les repas moi-même.

La porte se referma sur les deux femmes. Dès lors, il fut admis que le haut fonctionnaire de cette maison avait pris une concubine.

---

10 Crotte-de-chien est bien un prénom. Autrefois, la mortalité infantile était très forte, aussi pour éloigner la mauvaise fortune d'un enfant, on donnait au nourrisson un prénom particulièrement vulgaire comme Gaettong (개똥) qui littéralement signifie crotte de chien. Même le roi Gojong (고종 – 高宗), (1852-1919), 26e roi de l'ère du Joseon, porta ce surnom dans son enfance.

Les coups de piquet

Autrefois, quand les tigres taillaient le tuyau de leur pipe dans du bambou, trois gars s'étaient rencontrés sur le chemin et avaient décidé de faire un bout de route ensemble. Ainsi, ils pouvaient voyager en toute sécurité, mais surtout, leur compagnie rompait la monotonie de leur périple. Le plus jeune était un adolescent à peine pubère d'une quinzaine d'année, le second était un rude gaillard de vingt-cinq ans, plein de vie, et le dernier s'approchant du crépuscule de la vie, allait fêter ses soixante ans.

Un soir, à l'heure où l'obscurité se répandait à l'horizon, ils espéraient trouver un endroit où dormir avant que la nuit ne les ait enveloppés. Heureusement, leurs pas les conduisirent près d'une maison isolée, où ils frappèrent à la porte pour demander le gîte.

Les moins riches sont souvent les plus généreux, le couple, qui habitait la maison, accepta de loger ces voyageurs de passage. Et malgré le peu de chose qu'ils avaient à offrir, l'hôtesse leur servit un bon brouet de millet et un peu de *kimchi,* afin qu'ils ne dorment pas le ventre vide.

La femme, bien qu'elle ne fût plus toute jeune, était belle comme la lune. Elle était si avenante, que l'œil trouble du gaillard de vingt-cinq ans ne pouvait s'empêcher de loucher discrètement. Le gaillard se mit en tête d'en faire son affaire. Ainsi, à une heure dérobée de la nuit, à une heure où toutes les âmes se promènent au fin fond du monde des rêves, l'homme se leva silencieusement. Tout était calme. Il fit doucement coulisser la porte de la chambre, et telle une couleuvre, il s'introduisit dans la chambre du couple pour se glisser sous la couverture au côté de l'hôtesse. D'une main experte mais le souffle court, il retroussa la chemise de nuit et se fraya un passage jusqu'à l'extase.

Dans un demi-sommeil, la femme, ne sachant plus ce qui tenait du rêve ou de la réalité, accueillit le pilon, certaine d'avoir affaire à son mari. C'est ainsi qu'en toute discrétion, le gaillard cueillit les fruits du plaisir.

Le lendemain matin, la femme demanda à son mari :

– Quelle mouche vous a piqué cette nuit, pour m'avoir traitée avec tant de fougue.

– Qu'est-ce que tu me chantes là ? répondit l'homme. Cette nuit, je n'ai fait que dormir, tu as dû rêver.

– Mais alors qui aurait taché les draps ? fit la femme en montrant les auréoles sur le tissu.

La preuve était éclatante. Quelqu'un durant leur sommeil avait abusé de son épouse.

– Cela ne peut être qu'un de ces trois voyageurs arrivés hier ! s'emporta l'époux.

Cependant, lorsque le mari jaloux accusa les trois hommes, ceux-ci s'offusquèrent et nièrent tout avec force :

– Nous n'avons pas pu commettre une telle chose, jura le plus âgé.

– Ce n'est pas possible ! lança le plus jeune, nous n'avons pas quitté notre chambre.

– Comment aurions-nous pu ? renchérit très sincèrement le jeune homme.

Le couple ne décoléra pas, et alla porter l'affaire devant le *satto*, le gouverneur du district. Le fonctionnaire convoqua les trois voyageurs pour les interroger. Mais comme précédemment, les trois hommes contestèrent avec véhémence les accusations.

– Hum, sans preuve et sans aveu de leur part, rien ne peut être prouvé, dit le gouverneur au couple. J'ai besoin d'un peu de temps pour y réfléchir.

Le *satto* congédia tout le monde, mais inévitablement, à force de tourner le problème de tous côtés, cette histoire commença à lui faire mal à la tête. Et surtout, ce qui l'embêtait le plus, c'étaient les ragots que les gens allaient colporter s'il ne trouvait pas de solution. D'ordinaire, dans ce hameau, il ne se passait jamais rien. Voilà qu'une affaire surgissait, et lui, le grand représentant officiel du royaume, n'était pas capable de résoudre ce litige. Sa réputation et son honneur allaient en être tachés.

Au déjeuner, comme il n'avait toujours pas trouvé de solution, il se confia à sa femme. Celle-ci sourit et lui répondit simplement :

– Mon mari, je pense pouvoir vous aider facilement à trouver la vérité. Convoquez de nouveau cette pauvre femme et interrogez-la précisément sur son ressenti pendant qu'on l'abusait. Demandez-lui si c'était les petits coups pointus d'un poinçon effilé qui la perçaient. Était-ce les grands coups épais d'un piquet qui la frappaient ? Ou enfin, une aubergine bouillie qui la frottait ?

– Que me racontes-tu là, maugréa le juge. Explique-moi par quel mystère je vais pouvoir démasquer le coupable avec ton histoire d'aubergine.

– Ce n'est pourtant pas sorcier, expliqua la femme du juge. Le poinçon est celui de l'adolescent, le piquet appartient au jeune homme et l'aubergine est celle du vieil homme.

Le juge convoqua à nouveau la femme abusée et lui posa les trois questions. Les joues de la femme s'embrasèrent, mais timidement elle finit par répondre :

– Ce fut comme si l'on me frappait avec un grand piquet.

Alors le juge commanda qu'on se saisît du gaillard pour lui administrer la bastonnade de quelques dizaines coups de *gonjang*, à la suite desquels il avoua son méfait.

L'affaire était résolue, les gens du village avaient applaudi leur juge pour sa clairvoyance et sa sagesse. Mais lui-même n'était pas satisfait. Comment son épouse avait trouvé si naturellement la solution à ce mystère ? Elle connaissait les détails intimes que seule une femme aux mœurs dissolus pouvait savoir.

Le cœur alourdi de doutes, il rentra chez lui. Puis, sentant le malaise lui nouer l'estomac, il finit par demander à sa femme des explications. Elle lui répondit calmement en souriant :

– Rappelle-toi, lorsque nous étions tout jeunes mariés, tu n'étais qu'un adolescent d'une quinzaine d'années. En ce temps-là, tu me perçais de ton instrument pointu comme un poinçon. Puis quelques années plus tard, tu es devenu fort et robuste, tu me frappais alors si durement avec ton pieu que mon trésor en était meurtri. Maintenant, tu as bien vieilli, mais j'aime encore sentir ton aubergine bouillie. Voyez-vous, la solution à votre énigme, je la tiens du seul homme qui m'a aimé. Et si vous doutez de moi, c'est que votre imagination est trop fertile.

Après avoir écouté les paroles pleines de sagesse et d'amour de son épouse, le juge baissa la tête et sourit silencieusement. Après tout, c'est grâce à sa femme qu'il était devenu un juge aimé du peuple.

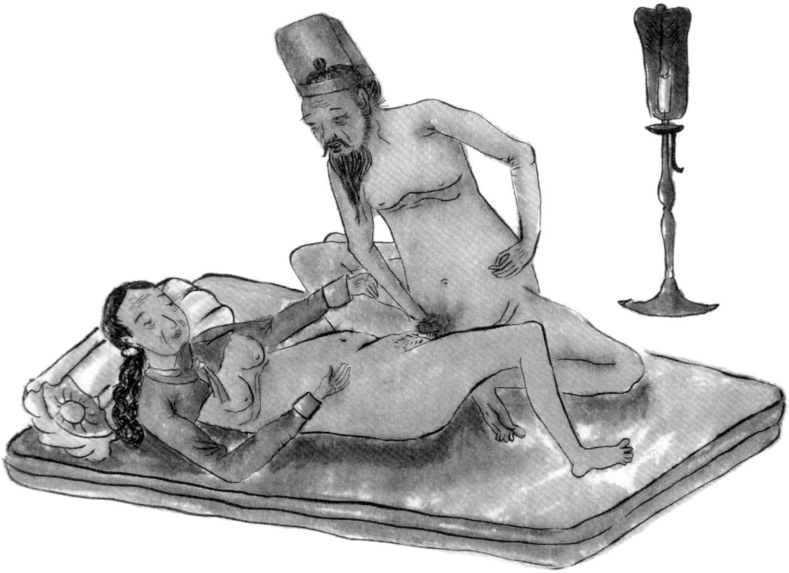

Le voleur de riz

Du temps où les tigres fumaient la pipe, le *yangban* Kim Choshi tirait une grande fierté de son prénom qui sonnait de la même manière que le titre du premier des trois concours pour devenir fonctionnaire d'État, et par là même en avoir le grade. Mais ironie du sort, malgré ses innombrables tentatives, Kim Choshi avait toujours échoué à cet examen. Malgré cela, en usurpateur vaniteux, Kim Choshi portait son prénom avec l'orgueil des diplômés.

Chaque année, il montait donc à Hanseong, la capitale, pour passer le concours, mais chaque année il retournait dans son village, preuve que son niveau n'était jamais suffisant pour qu'on lui octroyât un poste dans l'administration. Cela ne semblait pas le gêner outre mesure, et il n'en montrait aucune honte. Bien au contraire, chaque fois qu'il revenait de la capitale, avec suffisance, il lançait à sa femme :

– Chienne ignorante, prépare-moi un bouillon de poule, ces examens m'ont épuisé.

Bien que noble de naissance, le *yangban* Kim Choshi n'était pas riche, pas suffisamment en tout cas pour avoir des domestiques. À la maison comme aux champs, c'est sa femme qui faisait tout. Elle se levait, dès l'aube faisait tous les travaux domestiques avant de filer aux champs pour repiquer le riz ou arracher les mauvaises herbes. Peu avant l'heure du déjeuner, elle revenait à petits pas rapides pour dresser la table. Puis, sans répit, elle repartait aux champs jusqu'au soir.

Kim Choshi, lui, prétextait l'étude de ses livres pour ne pas travailler. Mais en fait, il préférait fumer longuement sa pipe sur le *maru*, et s'occuper de ses ongles qu'il portait longs : preuve qu'il ne s'abaissait pas aux tâches ingrates et qu'il méprisait le travail manuel. Dans son ennui, il méprisait également sa femme qu'il jugeait sotte et inculte. Et lorsque le repas n'était pas prêt à temps, il crachait :

– Chienne ignorante, tu me fais mourir de faim ! Aurais-tu décidé de m'affamer ?

Un soir de printemps, après avoir passé sa journée aux champs, la pauvre femme s'assit dans la partie la plus chaude de la chambre et se mit à la couture pendant que Kim Choshi lisait dans son cabinet de travail. Mais ayant entendu sa femme rentrer, le bonhomme délaissa son livre car si son épouse n'était qu'une ignorante, elle avait, toutefois, bien d'autres charmes. Et rien que d'y penser, le sentiment de printemps l'avait soudainement saisi. Il entra brusquement dans la chambre, souffla la lampe, renversa sa femme, lui releva le jupon.

Il était tout à son affaire quand la femme entendit un bruit suspect dans la cuisine, juste de l'autre côté de la cloison.

– Écoutez, dit-elle. Il y a quelqu'un dans notre cuisine ! C'est sûrement un voleur.

C'était bien un cambrioleur. En longeant le mur de la maison à la recherche d'un larcin, la crapule avait entendu, à travers la fenêtre de la chambre le souffle des nuages et de la pluie[11]. C'était le moment idéal pour entrer subrepticement dans la cuisine pour y dérober du riz.

Le mari dressa l'oreille, quelqu'un venait de soulever le couvercle de la jarre à riz. Il y avait bien un voleur dans la cuisine. Kim Choshi, au lieu de faire face, se rabougrit comme un ver à soie dans sa chrysalide, saisit la cou-

11 Le « souffle des nuages et de la pluie » est une métaphore de l'acte amoureux.

verture et alla se réfugier, tremblant de peur, dans un coin de la chambre. Ce voleur pouvait être dangereux.

La femme rajusta calmement sa jupe, renoua ses rubans tout en poussant des gémissements comme si le jeu des nuages et de la pluie ne s'était jamais arrêté. Puis au bout d'un moment, elle cessa de simuler, se leva et alla frapper brusquement du pied la porte de la cuisine en criant :

– Au voleur ! Au voleur ! Il y a un voleur dans ma cuisine !

Le voleur surpris la main dans le sac, céda à la panique et s'enfuit sans demander son reste. La femme, tranquillement, transvasa dans la jarre le sac de riz que le cambrioleur avait laissé, et replaça le couvercle. Ce fut seulement à cet instant que Kim Choshi retrouva toute sa dignité et se pointa fièrement devant sa femme.

– Qu'est-ce donc toutes ces minauderies que tu as faites tout à l'heure ? maugréa-t-il, courroucé. Si tu voulais chasser ce voleur, pourquoi ne l'as-tu donc pas fait plus tôt ?

La femme, qui d'ordinaire était soumise, planta impertinemment son regard dans les yeux de son mari et lui répliqua d'une voix claire :

– Si le voleur ne s'était servi que de deux ou trois calebasses de riz lorsque je lui ai crié dessus, son sac aurait été suffisamment léger pour qu'il s'enfuît avec, et nous aurions perdu ce riz. Mais si le voleur avait eu le temps de remplir son sac de huit ou neuf calebasses, son sac, plein jusqu'à la gueule, aurait été bien trop lourd et le sac aurait pu se renverser répandant tout le riz sur le sol. Avec cinq calebasses, un sac est trop lourd pour une fuite précipitée, mais il n'est pas assez plein pour qu'il se renverse.

Abasourdi par la sagacité de sa femme, Kim Choshi se précipita dans son cabinet de travail, saisit tous ces livres et ses cahiers pour les jeter dans l'âtre de la cuisine. Il venait de se rendre compte, malgré toutes les heures qu'il avait passé à étudier pour devenir fonctionnaire, que l'intelligence ne s'acquérait pas dans les livres. Finalement, la femme illettrée, qu'il méprisait et traitait en servante, était plus maline que lui.

Depuis ce jour, Kim Choshi accompagna sa femme aux champs et jamais plus il ne la traita de chienne ignorante. Grâce à ce voleur de riz, il était devenu un nouvel homme.

L'interprétation d'un songe

Il y avait jadis, au temps où les tigres fumaient la pipe, un lettré qui, comme le font les canards mandarins[12], vivait en harmonie avec sa femme. Mais toute chose, aussi bonne soit-elle, a une fin, car un beau jour, sous le conseil d'un ami, l'érudit prit pour concubine une jolie jeune femme. Cette nouvelle compagne était si douce et si charmante qu'à partir de ce jour, il n'eut d'yeux que pour cette beauté et délaissa totalement sa première épouse.

Une nuit, le lettré fit un songe étrange qui le laissa perplexe à son réveil. Dans son rêve, il s'était vu la tête couverte d'un *mal*, ce boisseau carré dont on se sert sur les marchés pour mesurer les grains et autres céréales. Aux pieds, il était chaussé d'imposants sabots de bois. Et sa taille était ceinte d'une étrange ceinture tressée de cosses de sojas. Dans cet accoutrement tout aussi inhabituel que ridicule, il s'était vu entrer solennellement dans le sanctuaire voué au culte de ces ancêtres, serrant dans son poing une vulve sanguinolente.

---

12 Autrefois en Corée, on offrait aux jeunes mariés des figurines d'un couple de canards mandarin, symbole de fidélité et d'harmonie conjugale.

Il se réveilla dans un profond état de confusion, il en était si troublé qu'il ne savait pas quoi en penser et pressentant l'importance des augures, il lui fallait absolument qu'il en sache la signification. Pour se clarifier l'esprit, il alla raconter son rêve à sa nouvelle concubine.

– Ce songe est un véritable cauchemar ! lança la jeune femme. Il ne présage que de mauvais auspices.

– Pourquoi penses-tu cela ? demanda le lettré, angoissé.

– Écoutez ! je vais tout vous expliquez ! Tout d'abord, ce boisseau que vous portez sur la tête signifie qu'un lourd poids pèse au-dessus de votre tête. Sans aucun doute, on vous accusera d'un crime. Qu'importe, même si vous ne le commettez pas, on vous condamnera et on vous emprisonnera. J'en veux pour preuve cette ceinture de cosses de sojas qui ne peut que symboliser la corde rouge avec laquelle on traine les prisonniers du pilori à la prison. On vous enchaînera, on vous mettra la cangue autour du cou, et à vos pieds entravés un carcan de bois à l'image de ces lourds sabots de votre rêve. Cette vulve sanguinolente signifie que vous serez condamné à mort et qu'on vous coupera la tête. Enfin, après votre mort, votre âme ira rendre compte de vos pitoyables crimes devant celles de vos ancêtres. En vérité, je vous le répète, votre rêve est le pire cauchemar qu'un homme puisse faire.

Les paroles de la concubine glacèrent d'effroi le lettré. Ce fut comme si le monde s'écroulait car tous ces présages macabres étaient bien plausibles. La peur le rongea. Il se calfeutra dans sa chambre, et tout tremblant, il se mit sous les couvertures. Il en perdit l'appétit, et quand on lui apportait ses repas, le meilleur des riz ne pouvait passer par sa gorge. Sans cesse il ruminait, murmurant sans fin :

– À cause de moi, la honte et le déshonneur tomberont sur toute ma famille. Mieux vaut mourir de faim avant qu'on me condamne, au moins j'épargnerai la souffrance aux miens.

À partir de ce jour-là, il resta couché et se ceignit la tête d'un bandage pour soulager ses maux et ses mauvaises pensées.

La première épouse s'inquiéta de l'état de son mari. Elle ne le voyait pas mais, jour après jour, les domestiques ne cessaient de lui rapporter son état déclinant.

– Mon époux me méprise et n'a d'yeux que pour sa jeune concubine. Mais nous étions autrefois un couple uni, se dit-elle. Je ne peux pas être indifférente à ce qu'il lui arrive.

Alors, au risque de se faire rabrouer, elle se rendit au chevet de son mari.

– Mon mari, on me rapporte que vous êtes gravement souffrant. Je suis morte d'inquiétude. Pourriez-vous me dire comment cela vous est arrivé ?

– Écoute, répondit le lettré. Il y a quelques jours j'ai fait un rêve étrange, je l'ai révélé à ma concubine qui en a fait une interprétation funeste. Depuis, je suis dans cet état de prostration. Hélas, le sort en est jeté. Il est presque certain que le destin me réserve la plus mauvaise des fins. Aussi, si je meurs avant que l'oracle n'accomplisse son macabre dessein, je pourrai alors éviter la catastrophe qui plongera notre famille dans le déshonneur. C'est pourquoi, pour abandonner la vie, j'ai décidé de ne plus m'alimenter.

– Racontez-moi donc votre songe, s'enquit l'épouse d'un air sibyllin. J'ai, moi aussi, quelques dons d'interprétation.

Alors, le lettré lui conta son rêve. Quand il eut fini, l'épouse réfléchit longuement avant d'ouvrir la bouche :

– Mais, mon mari, ce rêve est positif, c'est même un très bon rêve et les augures en sont exceptionnels ! Je ne comprends pas pourquoi vous en êtes atterré.

– Ah bon ? réagit le lettré interloqué. Comment expliques-tu mon rêve ?

– Écoutez bien ! répondit la femme. Tout d'abord, je vois dans le *mal*, le boisseau qui vous couvre la tête, le symbole du *samo*, ce chapeau carré porté par nos hauts fonctionnaires lors des cérémonies officielles. Et puis, votre taille est ceinte d'une ceinture de cosses. Ne remarquez-vous pas que le mot cosse, *kkakji*, est le même que celui qui désigne la bague de pouce des archers ? L'archerie n'est-elle pas le plus noble des arts guerriers ? Ces cosses n'entourent-elles pas votre corps comme la bague ceint le pouce de l'archer ? De plus, le mot *kkakji* sonne étrangement comme *kaktti,* cette ceinture ostensible de nos hauts fonctionnaires. Ensuite, vos pieds sont chaussés de lourds sabots. Vous ne nierez pas que les rêves déforment toujours la réalité. Ces chaussures de bois ne peuvent être, là aussi, que les lourdes bottes des hauts fonctionnaires. Bref ! Tout ce que vous portez dans votre songe sont les symboles du pouvoir et de l'autorité suprême. Même cette vulve sanguinolente, que vous serrez dans le poing, a un sens positif. Je ne vous apprends pas que le mot vulve se prononce *boji*. Mais si l'on décompose ce mot en syllabes, cela nous donne *bo,* qui signifie trésor, et *ji*, le papier. Ainsi, on obtient un autre sens, celui de « précieux papier ». Et cette vulve est en sang, c'est-à-dire rouge ! Nous pouvons interpréter cet élément du songe comme le certificat rouge remis aux lettrés qui ont réussi le si difficile concours pour devenir haut fonctionnaire. Donc, dans votre rêve, vous vous voyez la tête couverte d'un boisseau, la taille ceinte d'une ceinture de cosses, les pieds chaussés de sabots, en fait vous serez revêtu de tous les insignes des hauts fonctionnaires, et brandissant votre certificat rouge, vous saluerez vos ancêtres, les remerciant de vous avoir donné la postérité. Votre songe témoigne d'une chance exceptionnelle et ne peut que présager des évènements heureux.

Après avoir écouté attentivement l'interprétation de son épouse, une flamme d'espoir s'alluma dans les sombres pensées du lettré. Son âme s'éclaircit soudainement et il retrouva sa tranquillité d'esprit et avec elle la force et le courage.

Sans tarder, ayant repris confiance en lui, il se remit à l'étude. Il travailla avec tant de passion qu'au printemps suivant, il réussit le concours d'état de haut fonctionnaire avec les plus hautes distinctions. Après avoir chassé sa concubine, le couple, de nouveau uni, vécu longtemps dans la paix et l'harmonie des canards mandarins.

Le chasseur de tigre

À l'époque où les tigres bourraient encore leur pipe, un riche paysan habitait sur le plateau de Gaema, juste au pied de la montagne Baekdu, dans la province du Hamkyeong au nord-est de la péninsule. Sur ses vastes terres grasses, tout ce qu'il y faisait planter par ses journaliers poussait en abondance. Sur les marchés, ses céréales comme ses légumes étaient toujours les plus beaux. Et pour comble de bonheur, il était le père d'une fille dont la beauté rivalisait avec celle des princesses royales.

Or, un jour, ce tableau s'assombrit. Une tigresse prit l'habitude de descendre de la montagne pour s'en prendre à ses journaliers et les croquer. En peu de temps, le fermier ne trouva plus personne pour venir travailler sur ses terres. Tous avaient peur de se faire dévorer par la bête. Et bientôt, ces beaux champs de sorgho, de choux, de radis et de piments devinrent tous, les uns après les autres, de piteuses friches.

Alors, pour contrecarrer le destin, le paysan fit courir une rumeur : si un homme arrivait à chasser la tigresse et à rendre possible l'exploitation de ses terres, alors, il prendrait cet homme pour gendre et ferait de lui son héritier.

Dès le lendemain, un grand et solide gaillard vint frapper à sa porte, et dans l'heure qui suivit, il était déjà à l'ouvrage dans les champs. Il n'eut pas à attendre bien longtemps pour que la tigresse, gueule béante et crocs étincelants, fasse son apparition. Le jeune homme ne se démonta pas et peu impressionné, attrapa le fauve par derrière, le retourna, et les pattes en l'air … Crac ! Il lui cassa les reins sur son genou avant de jeter l'animal au bas de la colline.

La tigresse roula au fond de la combe où, complètement tourneboulée, n'arrivant plus à se relever, elle se mit à geindre lamentablement.

Non loin de là, une renarde entendit les gémissements de la bête et, curieuse, vint voir ce qui s'était passé.

– Grande sœur tigresse, pourquoi pleures-tu ? Qu'est-ce qui te fait tant souffrir ?

– J'ai croqué tous les journaliers qui venaient dans ces champs. Mais le dernier, bien plus fort que les autres, m'a attrapée, retourné les pattes en l'air et m'a brisé les reins avant de me jeter au fond de cette combe.

– Oh ! Grande sœur, vous êtes notre reine. Votre blessure offense la dignité de tout le règne animal. Laissez-moi vous venger.

La renarde se transforma aussitôt en jolie femme. D'une démarche souple et ondoyante, elle s'approcha langoureusement du jeune homme pour le séduire. Mais le garçon vit clair dans le jeu de la belle. Elle avait, dans le regard, un je-ne-sais-quoi de ruse et de fausseté. Alors, il lui souleva la jambe et … Crac ! D'un coup sec, il la lui cassa. La renarde retrouva immédiatement sa vrai forme et, glapissant, fila sur trois pattes rejoindre la tigresse.

Au même instant, une guêpe, taille fine et dard acéré, vint à voler par là. Surprise de voir les deux bêtes si mal en point, elle les interrogea :

– Que vous est-il donc arrivé ? bourdonna l'insecte.

– Ce journalier que tu vois là-bas, nous a attrapé, retourné et nous a cassé reins et patte, feula la tigresse.

– Quelle honte ! pensa la guêpe, un tigre, symbole de force et de puissance, et un renard, symbole de ruse et de sagesse, démis par un croquant. On aura tout vu ! Bon, puisque c'est comme ça, vrombit l'insecte, laissez-moi vous venger. Avec mon aiguillon, je vais m'asseoir sur son crâne et le piquer jusqu'à ce qu'il en crève.

Puis, elle fendit l'air en direction du jeune homme, tournoya au-dessus de sa tête, et au moment même où elle allait l'éperonner, deux doigts lestes saisirent l'animal par les ailes. Le jeune homme, d'un geste vif, arracha le dard et planta à la place un gros brin de paille muni de son épi. La guêpe, l'arrière-train dilaté et engourdi, s'en fut rejoindre, au fond de la combe, ses commères d'infortunes.

L'heure du déjeuner approchant, le riche fermier observa la montagne et ses champs. Le gaillard y travaillait toujours avec entrain.

– Tiens donc ! se dit le paysan, la tigresse ne l'a pas encore croqué. Tout a l'air d'être redevenu normal. Je vais envoyer ma fille lui apporter son riz, elle saura bien me dire ce qu'il en est.

La fille du fermier s'en fut, un panier sous le bras, apporter le repas du jeune homme. Elle eut tôt fait de poser son panier, que le gaillard enroula son bras autour de la taille de la belle et lui glissa à l'oreille :

– J'ai chassé la tigresse, mais aussi la renarde et la vilaine guêpe. À partir de maintenant, tu es mon épouse. N'as-tu pas envie de partager avec moi ce sentiment de printemps qui monte en moi ?

Puis le jeune homme coucha la fille sur l'herbe tendre, releva sa jupe pour lui câliner le derrière.

La tigresse, la renarde et la guêpe qui, du fond de la combe, observaient les agissements du journalier, commentèrent la scène :

– Regardez ! Il a retourné la fille et la voilà qui cambre les reins, feula la tigresse. Ce maudit homme va lui briser le dos comme il a cassé le mien.

– Vous n'y êtes pas du tout, grande sœur, glapit la renarde. Il lui lève les jambes au-dessus de ses épaules. À tous les coups, il va lui rompre une patte comme il a brisé la mienne.

– Vous vous trompez toutes les deux, bourdonna la guêpe. Regardez bien, la brute a baissé la culotte de la fille. Regardez ! Tout comme à moi, il lui secoue son bel épi dans le postérieur.

– Écoutez comme cette fille crie, rugit la tigresse. Décidemment, cet homme est sans pitié. Fuyons avant qu'il ne s'en prenne encore à nous.

Et depuis ce jour, plus aucune bête féroce ne vint troubler l'endroit. Et ces verts coteaux devinrent même un lieu de rendez-vous pour les amoureux

Le tigre et le *tokkaebi*

À cette époque où les tigres avaient du bon tabac à pipe dans leur tabatière, en bordure d'un village au pied d'une montagne vivait un vieil homme. Comme sa grande maison était isolée, le soir, il prenait toujours grand soin de faire le tour de toutes les portes et fenêtres pour vérifier quelles étaient bien fermées, et il ne manquait jamais de recommander à ses domestiques de ne dormir que d'un œil, tant sa crainte des cambrioleurs était grande. Et les nuits d'été, c'était encore pire, car le vieil homme redoutait la venue d'un tigre ou encore celle d'un de ces gnomes diaboliques que l'on appelle *tokkaebi*. Ce fut exactement ce qu'il ressassa à ces serviteurs un soir d'été particulièrement brumeux.

– Cette nuit, il faudra redoubler de vigilance, ce brouillard peut cacher des créatures terribles comme un tigre, ou pire encore, un affreux *tokkaebi*. Ces diables entrent dans les maisons pour effrayer et voler les gens de toute leur richesse.

Comme par un fait exprès, au moment précis où le vieil homme sermonnait ses domestiques, drapé de brume, un tigre affamé rodait tout près.

– Un *tokkaebi* ? Un *tokkaebi* ? se demanda le tigre. Y aurait-il une créature plus féroce que moi ? Si c'est le cas, elle doit vraiment être redoutable.

Après la dernière lampe soufflée, quand tout fut calme, le tigre fit le tour des bâtiments, trouva la porte de l'écurie ouverte, s'y faufila et y dévora entier le cheval. Puis, l'estomac lourd d'avoir trop mangé, le fauve s'assoupit sur place.

Quelques minutes plus tard, un voleur, fermement décidé de s'emparer du cheval du vieil homme, sortit à son tour du brouillard. Le voleur fit le tour des bâtiments, trouva la porte de l'écurie ouverte, s'y faufila, y trouva l'animal assoupi.

– Quel cheval vigoureux, se dit, dans l'obscurité, le voleur en tâtant le dos du tigre. J'en tirerai sûrement un bon prix !

Puis le voleur passa une bride autour du cou de la bête et monta dessus pour s'enfuir.

De son côté, le tigre, surpris par l'audace de la créature qui lui passait le licol, pensa immédiatement :

– C'est un *tokkaebi* ! Cela ne peut être qu'un *tokkaebi* ! Cette chose terrifiante ne craint rien ni personne. Je vais le laisser faire, mais le moment opportun je m'enfuirai, avant qu'il ne me mange.

Une fois hors de l'écurie, le voleur cravacha le tigre qui, d'un bond, se mit à détaler vers la montagne.

– Quel cheval vigoureux ! s'exclama le voleur surpris par la force de la bête. Il me rapportera plus que je ne le pensais.

Et pour l'encourager, il continua à le frapper de sa badine.

Le jour bientôt se leva et le soleil dissipa la brume. C'est alors qu'avec stupéfaction, le voleur se rendit compte qu'il chevauchait un tigre, le plus grand tigre qu'il n'ait jamais vu.

– Le tigre m'emmène dans la montagne, pensa le voleur, là-bas il me dévorera. Il faut que je me sauve d'une manière ou d'une autre.

De son côté, le tigre se disait :

– Ce *tokkaebi* est accroché comme une tique. Tôt ou tard, il me dévorera. Il faut que je m'en débarrasse d'une manière ou d'une autre.

Soudain, ils virent une très grosse souche en travers du chemin.

– Quand je sauterai par-dessus ce tronc creux, je donnerai un grand coup de rein pour faire tomber le *tokkaebi*, pensa le tigre.

– Quand le tigre sautera par-dessus ce tronc creux, je me laisserai tomber dedans, se dit le voleur.

Le tigre sauta, rua et déguerpit sans demander son reste. Le voleur se laissa tomber et se glissa dans l'étroite ouverture de la grosse souche. Le tigre débarrassé du *tokkaebi* courut tant qu'il put, mais trop essoufflé par sa course s'arrêta un peu plus loin pour reprendre haleine. C'est alors qu'un ours arriva. Il descendait dans la vallée en quête de gibier à se mettre sous la dent. Tout en se dandinant, il s'approcha du tigre haletant :

– Qui donc a mis la bride autour du cou du roi de la montagne ? grogna moqueur, le plantigrade.

– Ne dis plus un mot ! feula le félin. J'ai frôlé la mort. Un terrible *tokkaebi* m'a mis cette bride et m'a conduit jusqu'ici. Grâce au ciel, j'ai réussi à m'en débarrasser en ruant au-dessus de cette grosse souche là-bas, un peu plus bas.

– Comment ? demanda l'ours. Il n'y a que deux bêtes féroces dans ces montagnes. Toi et moi ! Et je n'ai jamais entendu parler de ce *tokkaebi*. Il n'y pas la place pour trois, je m'en vais immédiatement l'écraser.

L'ours en colère dévala la montagne jusqu'à la souche. Mais il se calma très vite en voyant l'orifice du tronc creux. L'ouverture était bien trop petite pour abriter un rival de taille.

– Haha ! s'esclaffa l'ours. C'est incroyable que le tigre ait pu se faire avoir par une créature si petite. Moi-même je ne peux y passer la tête. Je vais attendre que la chose sorte, elle finira bien par sortir ou elle crèvera de faim.

Alors, l'ours s'assis sur le tronc, ses deux grosses pattes ballantes de part et d'autre de l'ouverture du tronc creux.

– Cette fois, je suis cuit, pensa le voleur. Il n'y a qu'une sortie et l'ours la garde.

Mais en observant bien, il vit les bourses de l'ours pendouiller. Il sortit la cordelette qu'il avait dans la poche, fit un nœud coulant, accrocha délicatement la boucle autour des bourses et tira de toutes ses forces à en tirer toute la peau de l'ours, qui en creva. Le hurlement du plantigrade raisonna dans toute la montagne.

– Je lui avais bien dit de se méfier du *tokkaebi*, rugit le tigre. Le monstre a dû dévorer l'ours.

Alors prit de panique, le tigre fila vers la vallée pour échapper à la créature qui ne manquerait pas de s'attaquer à lui.

Au même moment, plus bas, un groupe de femmes rinçaient des plantes sauvages dans la rivière. Le soleil avait grimpé à son zénith, les femmes étouffaient de chaleur. C'est pourquoi elles décidèrent de se déshabiller pour se rafraîchir dans la fraîcheur du courant. Tout à coup, elles virent débouler le tigre vers elles. Dans leur panique, elles commencèrent à fuir toutes nues. Mais l'une d'elles lança :

– Si nous courons chacune de notre côté, le tigre nous mangera. Mais si nous faisons bloc, nous pourrons peut-être l'effrayer.

Suivant ce conseil, les femmes s'accrochèrent les unes aux autres par les épaules, puis tournant le dos au tigre, elles se penchèrent, écartèrent les cuisses et se mirent à crier à l'unisson. Le tigre vit soudain hurler devant lui un monstre fantastique aux multiples bouches rouges et poilues.

– Le *tokkaebi* ! Le *tokkaebi* ! rugit-il, c'est bien lui ! Ses bouches sont encore pleines des poils de l'ours qu'il a dévoré.

Face à cette image terrifiante, le tigre fit demi-tour pour fuir sans demander son reste. Et depuis, on ne le revit jamais plus dans ces montagnes.

L'ÉTALON ET SA JUMENT

Jadis, quand les tigres culotaient leurs longues pipes avec du tabac brun, dans un coin reculé de la campagne profonde, un couple de serviteurs ne pensait qu'aux jeux du vent et de la pluie. Ils aimaient tellement la chose que toutes les nuits, d'un bout à l'autre de l'an, la tempête, immanquablement, secouait leur petite chambre. On aurait pu croire que cela leur suffisait, hé bien non ! Car autant aux champs qu'à l'étable, à chaque fois qu'ils se retrouvaient seuls et que nul ne pouvait les voir, l'envie les prenait. De ce fait, personne ne se doutait de leur penchant.

Un jour, alors que l'été était bien avancé, leur maître, un *yangban* qui avait quelques arpents de riz, leur ordonna d'aller arracher le millet des oiseaux, cette mauvaise herbe qui avait tendance à envahir ses rizières les plus reculées. Deux ou trois jours plus tard, le propriétaire terrien s'inquiéta auprès de ses serviteurs de l'avancée de la besogne :

– Alors, avez-vous arraché toutes ces mauvaises herbes ?

– *Aïgo* ! mon maître, nous n'avons pas fini. C'est qu'il nous faudrait encore quelques jours de plus.

Cette réponse étonna fort le *yangban*, car même si le millet des oiseaux poussait en abondance, il ne pouvait croire que cette tâche prît autant de temps. Alors, il se rendit lui-même sur place pour vérifier. Et effectivement, il eut la désagréable surprise de constater que le travail était loin d'être achevé. Mais ce qui le surprit davantage, ce fut d'apercevoir qu'au pied du grand arbre qui surplombait la rizière, l'herbe avait été si piétinée que la terre s'en était retrouvée nue et lisse comme si on l'avait battue.

Intrigué, il voulut savoir ce qu'il se passait là. Aussi, il décida d'y revenir pour épier ses gens. Le lendemain, il se leva très tôt, prétextant une visite qu'il devait rendre à un proche parent. Mais, sur le chemin, il bifurqua et se rendit directement à la rizière où il monta dans le grand arbre. De son perchoir, il serait aux premières loges pour assister à ce qui se tramait dans son dos.

Un moment plus tard, les domestiques arrivèrent et se mirent aussitôt à arracher les mauvaises herbes. Mais la femme se lassa vite de ce labeur et alla se réfugier à l'ombre sous la couronne de l'arbre où son mari vint prestement la rejoindre.

– Ne voudrais-tu pas jouer au jeu de l'étalon et de sa jument ? lui demanda la servante d'un air grivois.

Comme le mari acquiesçait, la femme se pencha jusqu'à saisir le tronc de l'arbre, retroussa ses jupes, recula les jambes et ainsi cambrée, elle prit la posture d'une jument à la croupe rebondie. Après cela, elle se mit à piaffer, frappant le sol de ses pieds, remuant son arrière-train bien relevé. Dans le même mouvement, son mari, derrière elle, baissa son pantalon, effleura de ses naseaux le pli de la fesse pour en humer les parfums, et à son tour battit la terre de ses sabots. À la suite de quoi, hochant la tête de haut en bas, soufflant bruyamment en faisant rouler les lèvres, l'homme devenu cheval se mit à hennir à la façon d'un étalon en rut :

– Éhon ! Éhon !

Puis, posant ses paturons sur les flancs de sa femme, il la saillit d'une seule poussée.

– Éhon ! Éhon !

Ensuite, l'homme releva l'encolure pour s'ébrouer et son regard monta au ciel où parmi les branches de l'arbre, il croisa celui de son maître ébahi par le spectacle.

– Éhon ! …

Mais l'homme ne put finir son hennissement. Il remonta prestement son pantalon et tourna les talons pour détaler au grand galop.

– Éhon ! Éhon ! fit à son tour la femme-jument désappointée de voir son étalon ficher le camp. Pourquoi t'en vas-tu ? Nous venons tout juste de commencer ?

Plus loin, le mari, dans sa fuite, se retourna et se mit à braire avant de reprendre sa course :

– *Imja*, regarde donc ce qu'il y a dans l'arbre !

La servante leva les yeux et aperçut le maître.

– Éhon ! brama-t-elle une dernière fois avant de s'enfuir à son tour à toute jambe.

Depuis ce jour, on raconte que les onomatopées « Éhon ! Éhon ! », qui évoquent le hennissement des chevaux, sont synonymes des ébats amoureux.

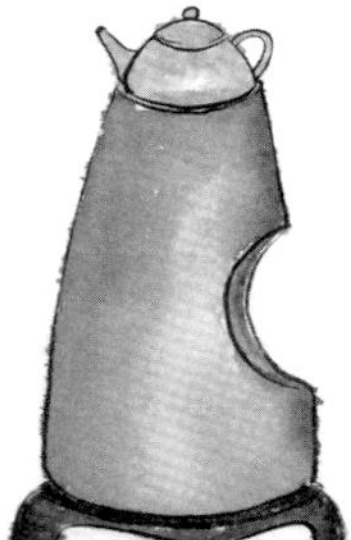

La veuve enlevée

Il y a plus de cent cinquante ans, vers la fin de l'ère Joseon, après la mort du très sage souverain Jongjo, le pouvoir du roi s'étiola et celui des *yangban*, la classe des nobles, devint plus fort. Les bourgeois les plus fortunés, jusque-là absents des décisions politiques, purent acheter rangs de noblesse et fonctions d'État. La société se complexifia et les règles strictes tombèrent en désuétude. Les principes moraux s'affaiblirent et la corruption augmenta. On ne respecta plus ni les lois ni les coutumes confucianistes.

Par exemple, lorsqu'un homme devenait veuf, les usages faisaient qu'il ne devait plus se remarier, car les époux se devaient fidélité même dans la mort. Si toutefois, le veuf voulait prendre une autre femme, il pouvait entamer un long et couteux processus administratif dont il ne pouvait pas être certain du résultat. Il pouvait également opter pour une autre solution : enlever de force une veuve ! Une fois l'acte consommé, l'affaire était, de fait, convenue. Cette pratique très ancienne était tombée en désuétude parce qu'elle était condamnée par la morale confucianiste. Mais en cette époque trouble, elle retrouvait un regain.

À l'époque où les tigres faisaient des ronds de fumée avec leur pipe, dans un village, un veuf vivait avec sa fille, une adolescente de dix-sept printemps. La fille s'occupait de son père, elle lui préparait son riz et elle faisait le ménage de toute la maison. Mais malgré tout, un homme reste un homme. Et celui-là se sentait bien solitaire.

Un jour, notre veuf entendit dire que dans le hameau voisin, une femme venait de perdre son mari. On disait la veuve encore jeune, jolie et sans enfant. L'affaire était trop belle, aussi, il décida de la faire enlever. Il mena discrètement son enquête et apprit que la veuve éplorée avait déjà été convoitée par un autre veuf de son voisinage. Heureusement, cela s'était mal terminé, tous les espoirs étaient donc permis.

Rien ne pouvait se faire au grand jour. Mais la nuit, lorsque seule la lune pouvait témoigner, tout devenait possible. Si des ravisseurs l'emmenaient chez un homme, sa réputation de femme honnête serait anéantie. Elle devrait alors renoncer à son deuil et serait forcée d'accepter pour époux celui qui avait tout manigancé.

Pour se protéger, la jolie veuve dissimulait son plus gros couteau de cuisine sous sa couverture et tenait toujours à portée de main un petit sac de piment en poudre qu'elle pourrait jeter au visage d'un assaillant pour l'aveugler.

La nuit où des brutes avaient envahi sa chaumière, elle avait brandi vaillamment le couperet pour tailler, découper et balafrer tous ceux qui osaient s'approcher d'elle. Finalement, quand la situation était devenue sans espoir, elle avait plaqué la lame contre sa gorge et avait menacé de mettre fin à ses jours. Dans le tohu-bohu de l'empoignade, les chiens du village s'étaient mis à aboyer. Les ravisseurs s'étaient enfuis sans réussir leur coup.

L'intuition de la veuve, fidèle à son époux défunt, lui dictait qu'elle n'en avait pas fini d'attiser les convoitises. Elle en était certaine : quelqu'un d'autre ourdirait un mauvais coup à son encontre. Alors, elle se tenait prête à toute nouvelle attaque.

Toutefois, de son côté, le veuf ne perdait pas espoir. Et pour assurer son coup, il fit venir chez lui, en toute discrétion, trois jeunes gars costauds prêts à n'importe quelle mauvaise action pour quelques *nyangs*. Il ne lésina pas, non plus, sur l'alcool ni sur les petits plats pour les convaincre d'agir.

– Bon, si j'ai bien compris, ce soir, on vous ficelle la veuve dans une grande natte de paille de riz, et on vous l'amène, confirma l'un des rustauds.

– Une fois le colis chez vous, vous vous débrouillerez avec elle. Vous savez ce qu'on dit, continua le second. Les femmes, une fois qu'elles ont été mariées, elles ne sont plus aussi dociles.

– Bon, ça dépend des veuves, enchaîna le troisième en vidant son verre de *magkeolli*. En tout cas, ce n'est pas comme les jeunettes qui n'ont jamais connu la chose.

– C'est certain, votre veuve, si elle ne se laisse pas faire, il faudra sûrement lui cogner dessus pour la mater. Enfin, ça ce n'est pas nos oignons, poursuivit le premier.

– En effet, ce n'est pas vos oignons. Mais surtout tenez vos langues. Il ne faut pas qu'un autre vienne m'enlever cette femme quand vous me l'amènerez, conclut l'homme en leur servant une dernière bolée d'alcool de riz.

Le même soir où se déroulait cette conversation, la veuve, présentant l'imminence d'un danger, était passé voir ses parents pour prendre conseil. Elle y retrouva son petit frère qui, avec ses vingt ans, ne portait pas encore le chignon[13]. Leurs parents étant trop pauvres, ils n'avaient pas encore pu le marier. Alors, il tressait encore ses cheveux en deux longues nattes comme s'il était toujours enfant. Ainsi coiffé, avec les traits fins qu'il avait hérités de sa mère, on eut pu aisément le prendre pour une fille. Cela donna une idée à la veuve.

– Depuis que mon époux est parti, je ne peux plus vivre seule chez moi, déplora-t-elle à son cadet. Les brutes, qui m'ont attaquée l'autre nuit, vont

13 Autrefois les hommes ne coupaient jamais leurs cheveux, car cet élément du corps était rattaché à celui de leurs parents et de leurs ancêtres. Se couper les cheveux était comme une violation du respect porté aux ascendants. Les garçons et les hommes non mariés tressaient leurs cheveux en deux nattes de part et d'autre du visage. Ce n'est qu'après leur mariage, qu'ils pouvaient se faire un chignon porté au sommet du crâne. Ainsi coiffé, tout le monde savait que l'homme était marié. Il était alors une personne accomplie, entrée dans la vie adulte.

certainement revenir. Ne pourrais-tu pas venir quelques jours habiter chez moi ? Mais comme il n'est pas convenable qu'un homme soit vu dans la maison de mon mari défunt, tu devras t'habiller en femme.

Ainsi fut fait, le garçon enfila une longue jupe, noua le ruban de la courte veste. Sa sœur le coiffa et le pomponna avec tant de soin qu'on aurait pris la veuve et son frère pour deux sœurs. Puis, ils s'en allèrent chez la veuve.

Peu de temps après, les lascars envoyés par le veuf arrivèrent à leur tour. Comme ils n'étaient pas d'accord, ils se disputaient sur la manière d'enlever la veuve. L'un voulait frapper à la porte sous un prétexte fallacieux afin d'amener la veuve à leur ouvrir. Le second insistait pour passer par la fenêtre. Mais le troisième, plus brutal, dit :

– Taisez-vous ! Y a qu'à enfoncer la porte !

Le frère et la sœur les entendirent. Il n'y avait pas une minute à perdre. Alors le frère décida de cacher sa sœur dans le petit cagibi au fond de la chambre. Il eut juste le temps de fermer le placard que, dans le craquement de la porte, les hommes surgirent, estourbirent le garçon et le roulèrent dans une grande natte. Puis, convaincus de leur prise, ils portèrent la fausse veuve chez le veuf.

Le veuf n'avait jamais vu la veuve. Aussi, quand il dénoua la natte, il ne s'aperçut pas de la supercherie. Il tenta d'embrasser la veuve, mais celle-ci, dotée de la force d'un jeune homme de vingt ans, lui résista avec tant de hargne qu'il dut y renoncer.

– On m'avait dit que tu étais une tigresse, haleta le veuf surpris par la vigueur de la veuve. Mais cela ne fait rien ! Maintenant que tu es ici, j'ai tout mon temps. Quand les gens verront, demain, que tu as passé la nuit chez moi, tu seras bien obligée de te soumettre. Cette nuit, tu n'as qu'à dormir dans la chambre de ma fille, comme ça, tu t'habitueras à ta nouvelle demeure.

Le veuf ouvrit la chambre de sa fille et lui dit :

– Voilà ta nouvelle mère ! Elle est un peu secouée d'être partie si précipitamment de chez elle. Console-la et fais-lui la politesse de dormir avec elle.

Puis, une fois que le veuf eut refermé la porte de sa fille, la maison retrouva, jusqu'au premier rayon du jour, tout son calme. Le matin, le veuf fut surpris de trouver sa fille éplorée dans la cuisine. Il l'interrogea sur la raison de ses larmes, et quand il évoqua sa nouvelle mère, la jeune femme sanglota de plus belle. Alors intrigué, il alla dans la chambre de la fille, où il découvrit un beau jeune homme entrain de nouer ses cheveux en chignon.

– Mais que fais-tu chez moi, et dans la chambre de ma fille de surcroît ? gronda le père en colère. Qui donc es-tu ?

– Moi ? répondit, très naturellement, le jeune homme. Je suis le gendre que vous avez fait enlever la nuit dernière.

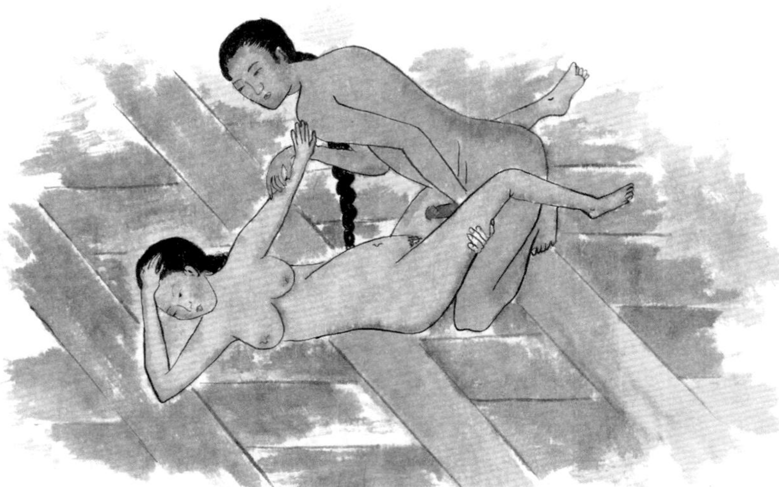

La vertu des champignons de pins

En ce temps-là, les tigres bourraient leur pipe avec du bon tabac. Une veuve vivait seule avec sa servante qui, elle aussi, avait perdu son mari. Elles étaient donc toutes les deux veuves et esseulées. Aucun homme n'habitait plus leur logis, et il aurait été bien inconvenant qu'on en vit un passer par la porte. Toutefois un jour, la veuve demanda à sa servante :

– Tu n'es que servante, les règles confucianistes sont moins strictes pour toi. Mon mari était *yangban*, je lui dois fidélité jusque dans la mort. Mais toi, pourquoi ne te remaries-tu pas ?

– Vous êtes ma maîtresse. Vous avez toujours été bonne pour moi et vous êtes seule. Comment pourrais-je désirer un autre homme et jouir des plaisirs. Non madame, je ne me remarierai jamais.

À ces mots, la veuve fut convaincue de la pureté de sa servante et pensa que sa chasteté était très profonde.

Quelques jours plus tard, peu avant *Chuseok*, la fête des moissons, la voix grave et forte d'un colporteur raisonna de la rue :

– *Song-i* ! *Song-i* ! Achetez mes champignons de pins ! *Song-i* ! *Song-i* !

La veuve, qui raffolait de ces champignons au puissant parfum, demanda à sa servante :

– Va trouver ce marchand et ramène moi un beau champignon. Choisis le bien gros et long à souhait.

La servante ne sachant lequel choisir en ramena deux dont la forme équivoque évoquait une certaine partie de feu son époux. À la vue de ces spécimens, la veuve fit remarquer à sa servante :

– Ces champignons sont très gros. Tu n'as pas regardé à la dépense.

– Le marchand m'a dit qu'ils croissaient dans les lieux humides ! souffla la servante.

Dès qu'elles saisirent les champignons, elles ne purent réprouver le désir de printemps qui les assaillit. Elles perdirent leur esprit, et bien que ce ne fussent pas des champignons de couche, les deux femmes s'amusèrent avec les tricholomes, les essayant l'un après l'autre, se les échangeant, oubliant toutes les règles de hiérarchie, entre une maitresse et sa servante. En tout cas, les champignons étaient si gros et si longs qu'elles en apprécièrent profondément toute la saveur.

Une fois contentées, elles posèrent les champignons sur une petite étagère. Et chaque fois que l'ennui les saisissait, elles s'amusaient avec. Jour après jour, les pensées lubriques des veuves s'instillèrent dans les champignons, dont les seules vertus étaient de satisfaire leurs désirs et leurs fantasmes. Elles prirent alors l'habitude de nommer ces champignons « vertu » chaque fois qu'elles se cajolaient avec. Ainsi, peu à peu, les champignons se trouvèrent, à proprement parlé, possédés par l'esprit libidineux des deux femmes. Et puis, un jour, elles n'eurent plus besoin de se déplacer pour saisir les champignons. Il leur suffisait d'appeler :

– Vertu, vertu, viens donc ..., pour que les champignons, tout trémoussant, se précipitassent incontinent se fourrer au bon endroit.

Un jour, un réparateur de tamis, en quête d'ouvrage, vint à passer, dans la rue de la veuve :

– Tamis ! Tamis ! Réparateur de tamis ! Quel que soit leur état, je les répare tous ! Tamis ! Tamis ! ...

Cet homme venait à point, les femmes avaient justement des tamis à faire réparer. La veuve envoya sa servante pour lui confier la tâche.

L'homme s'installa dans la cour, et sous l'œil de la servante, entreprit de refaire la trame des tamis percés de la maison. Le travail de réfection était long et précis. La veuve ne pouvait pas s'absenter, il était inconvenant de laisser sa maison alors qu'un étranger travaillait dans la cour. Mais, au bout d'un moment, trouvant le temps interminable, l'ennui la saisit.

– Vertu, vertu, viens donc …

Et la veuve commença à se distraire. La servante entendit sa maîtresse appeler les champignons. Soudain, le sentiment de printemps la prit à son tour. Alors, ni tenant plus elle fila rejoindre sa maîtresse.

Pendant ce temps, le pauvre ambulant dans la cour, bien qu'il fût occupé sur ses treillis, entendit les veuves se pâmer et câliner leurs champignons. Quand il eut réparé tous les tamis, la servante n'était toujours pas revenue. Il regarda à droite et à gauche : personne ! Il appela : rien de plus ! Ça l'embêtait, il aurait bien voulu être payé pour continuer son chemin. Tout à coup, il se souvint de ce qu'il avait entendu peu avant que la servante ne disparût : « Vertu, vertu, viens donc … ». La servante devait donc s'appeler Vertu.

– Vertu ! Vertu ! appela-t-il d'une voix forte. Viens donc …

Mais à peine eut-il prononcé ces mots, qu'un étrange objet surgit, et vint le frapper en plein dans le fondement. Jamais, le réparateur de tamis n'avait imaginé recevoir un outrage si douloureux pour le paiement de son travail. Le pauvre homme se débattit comme il put, le champignon était aussi puissant que coriace et la douleur bien pernicieuse. Finalement, à force de gesticulations, le malheureux réussit à extirper la chose de son sphincter, et le jeta au loin dans la cour avant de s'enfuir à toutes jambes, faisant deuil du prix de ses réparations.

Quelques jours plus tard, notre homme rencontra un de ses compères, tout comme lui, réparateur de tamis. Il lui raconta en détail sa mésaventure.

– Sornettes ! lui répondit le compère

– Écoute, si tu ne me crois pas, tu n'as qu'à aller chez cette veuve. Vas-y de ma part et réclame le prix de mes réparations. Si l'on te donne l'argent, garde-le, il est à toi. Moi je n'en veux pas.

Le compère, qui n'avait rien à perdre et tout à y gagner, se rendit, sans attendre, chez la veuve. Il se présenta au portail, et ne voyant personne, il héla la servante :

– Vertu ! Vertu ! viens donc …

Mais à peine eut-il prononcé ces mots, qu'un étrange objet surgit, et vint le frapper en plein dans le fondement. Le compère, tout aussi surpris que le premier réparateur, cria de douleur :

– Au secours ! Au secours ! … Avant de s'enfuir ventre à terre.

Un peu plus loin, à l'angle de la rue, le réparateur de tamis ricanait :

– Comment a-t-il pu croire que je lui abandonnais le prix des réparations pour rien ? … Mais ce n'est pas une raison de bondir comme ça … Après tout, cette chose n'est pas si terrible …

Mais malgré cette pensée, le réparateur de tamis tourna les talons et plus jamais il ne revint dans ce quartier.

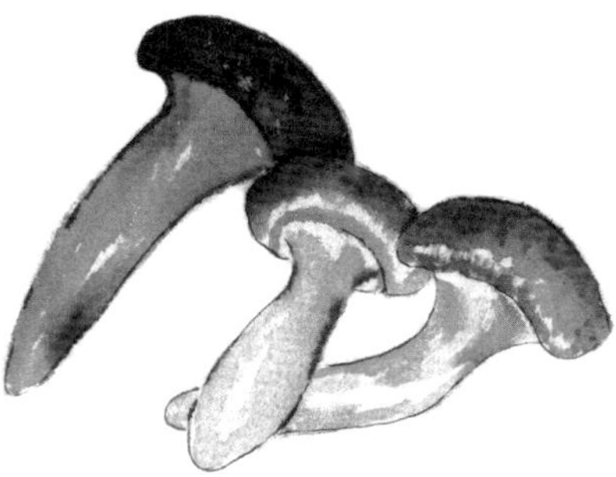

La pierre et la faucille

C'était au temps où les tigres aimaient bourrer leur pipe. Comme Parfum-de-lune[14] était jolie, il avait été décidé qu'elle suivrait la même voie que sa mère. Elle était devenue *gisaeng*. Ainsi, pour devenir courtisane, elle avait appris à tenir le pinceau et à servir l'alcool avec grâce. Initiée à la musique, au chant, à la danse et à la poésie, Parfum-de-lune avait eu la chance d'être prise à la maison des *gisaeng* rattachée au palais municipal de Pyongyang.

Depuis, les cordes de son *gayageum* vibraient pour le bonheur des invités que recevait le gouverneur de la province. Et puisque son esprit raffiné avait été formé aux belles lettres, elle pouvait en toute courtoisie et en toute aisance faire la conversation à ces messieurs. La maison des *gisaeng* de Pyongyang, réputée pour accueillir les plus belles femmes du pays était un haut lieu de raffinement et d'élégance, où venaient se perdre, en toute vertu, les hommes bien nés. En toute vertu, car il n'était pas admis, du moins officiellement, que les *gisaeng* se livrassent au commerce de leur corps.

---

14 Le nom coréen de cette jeune femme est Hyang-wol (향월, 香月), ce qui signifie Lune-parfumée ou encore Parfum-de-lune.

Cependant, Parfum-de-lune savait qu'elle ne pourrait pas exercer son métier bien longtemps. Lorsque le temps viendrait faner la beauté du printemps, la vie deviendrait cruelle, et passé vingt-cinq ans, elle risquait de retourner dans la fange où avaient vécu ses ancêtres. Elle devait préparer ses arrières, concubine d'un homme aisé, ou amasser suffisamment d'argent pour monter à son heure, son propre petit commerce. Elle avait cédé une fois aux avances impétueuses d'un vieux lettré, et depuis, il lui arrivait assez souvent, mais en toute discrétion, de monnayer son art et ses charmes.

Un jeune *yangban* désargenté était allé dans la maison des *gisaeng* de Pyongyang. Puis, après avoir passé du bon temps auprès de Parfum-de-lune, il se rhabilla. Il était sur le point de partir, lorsque la *gisaeng* lui réclama le prix de sa fleur. Sur le pas de la porte, le nobliau se retourna.

– Pourquoi me demandes-tu de l'argent ? crâna-t-il, tu as pris ton plaisir, non ? Écoute-moi bien et, si tu as quelque chose à répondre à cela, je te paierai le prix de ta fleur. Lorsque l'oreille te démange, tu utilises un petit bâtonnet de bambou en forme de minuscule cuillère pour te gratter. Tu frottes et refrottes jusqu'à ce que tu en sois soulagée. Celui qui reçoit le plaisir, c'est le conduit, et non pas le cure-oreille ! Vois-tu, ce serait plutôt à toi de me dédommager.

– C'est effectivement une manière de voir, soupira la jeune femme, mais j'en ai une autre. Lorsque la langue entre dans le vase de jade et y goûte le miel, qui de la langue ou de la porcelaine éprouve le plaisir du nectar ? Vous avez glissé votre langue dans le vase de jade et elle en est encore toute sucrée. Vous avez goûté au miel, vous devez me donner le prix de la fleur.

– Puisque le bout de ma langue a trempé dans la douceur du miel et que le conduit de ton oreille a connu la volupté, nous sommes quittes, notre plaisir a été partagé. Nous n'avons nul besoin de recevoir ou de donner de l'argent, argua le jeune homme. C'est comme avec les faucilles. On repasse leur lame avec une pierre. Elles se frottent l'une sur l'autre, non ? Laquelle des deux s'use le plus ? Eh bien, je vais te le dire. La faucille et la pierre s'usent en même temps ! Les deux s'usent ! Tu vois, pour nous deux, c'est pareil !

– C'est ce que vous croyez, répliqua Parfum-de-lune, tu oublies que pierre et faucille ne sont pas de même nature. Lorsqu'elles se frottent l'une sur l'autre, laquelle des deux en ressort brillante et aiguisée ? Le tranchant de la lame n'est-il pas plus effilé ? La pierre, elle, est simplement usée. La faucille est venue demander à la pierre, il est juste que la pierre reçoive de l'argent de la faucille.

Finalement, à bout d'argument et ne pouvant contrecarrer la sagesse de la *gisaeng*, le jeune *yangban* dut mettre la main à la bourse pour payer le prix de la fleur.

Les deux *gisaeng* du lettré Yun Tong

En cette époque-là, les tabatières des tigres étaient remplies de bon tabac. Remarquable tant par sa haute taille que par sa force, le généreux lettré Yun Tong avait, malgré son allure massive, un beau visage dont les traits fins témoignaient un caractère vif d'esprit et plein d'humour. Malgré toutes ces qualités, et sans doute à cause de sa probité, il était d'une grande pauvreté. Cela se voyait au premier coup d'œil, tant sa mise était miteuse.

Toutefois un jour, on lui confia une charge de petit fonctionnaire. Il devait organiser les rites et les oblations des offrandes, attachés au culte des ancêtres[15]. Et pour sa première mission, on l'envoyait au sud-est de la péninsule dans la province du Gyeonsang. Avant de partir, Yun Tong rendit visite à son meilleur ami pour lui dire au revoir et prendre quelques conseils pour son voyage :

– Je m'en vais pour la province du Gyeonsang. Ne connaîtrais-tu pas là-bas quelques charmantes *gisaeng* ? demanda-t-il l'œil coquin.

15 Cette charge administrative du temps du Joseon s'appelait *hyang-byeol-gam* (향별감). Elle témoigne de l'importance des règles du confucianisme dans les rouages du royaume.

– Quoi ? répondit, interloqué, son ami. Que veux-tu espérer avec ton *hanbok* élimé et ton vieux manteau râpé ? Même la crinoline de ton chapeau est toute cabossée !

– Qui sait ? insista le lettré plein de malice. Maintenant que je suis fonctionnaire, je peux tenter ma chance, et j'espère naturellement y recevoir un très bon accueil.

– Aurais-tu fait un rêve prémonitoire ? ironisa son ami. En tout cas, si tu vas à Andong, tu demandes à voir Subtil-lilas-d'été[16]. Et si tu te rends à Jinju, essaie de rencontrer Joie-du-vent-printanier[17]. Mais honnêtement, ne te fais pas trop d'illusion, ces deux *gisaeng* sont, à ce que l'on dit, d'une beauté incomparable. Un homme ordinaire n'aurait jamais l'idée de les approcher. Alors, pauvre comme tu es, n'y pense même pas.

– C'est ce qu'on verra ! lança, égrillard, le lettré Yun. De toute façon, qui ne tente rien n'a rien.

– En tout cas, si l'on me rapporte que tu as réussi à conquérir ces deux *gisaeng*, je te promets de te servir la farandole de toutes les meilleures spécialités culinaires des huit provinces du royaume.

Quelques jours plus tard, par un beau matin d'hiver, le lettré Yun Tong qui avait gravé, dans sa mémoire, le nom des deux *gisaeng*, monta sur le dos de sa bourrique et partit dans ses vieilles hardes, cahin-caha, pour le Gyeonsang.

Dès son arrivée à Andong, le *satto*, le gouverneur de la ville, le convia à un banquet pour fêter sa visite. La salle de réception était somptueuse. Quand les convives arrivèrent, les *gisaeng* du palais communal pinçaient les cordes de leur *gayageum* et leurs archets faisaient vibrer leur *haegeum*. Dans leurs toilettes colorées, ces demoiselles étaient toutes plus jolies les unes que les autres. On s'installa autour des tables, le lettré Yun en face du gouverneur. Les *gisaeng*, attachées aux services de ces messieurs, notant immédiatement la piètre condition de l'invité, commencèrent à rire sous cape.

---

16 Le nom coréen de cette femme (Subtil-lilas-d'été) est en fait Jamiseon (자미선, 紫薇仙). *Jami* (자미, 紫薇) est le lilas d'été (*Lagerstroemia indica*) et *seon* (선, 仙) désigne une personne raffinée ou une fée.

17 Le nom coréen de cette femme (Joie-du-vent-printanier) est en fait So Chunpung (소춘풍, 笑春風). Ce nom est composé de trois caractères *hanja* : *so* (소, 笑) : « le rire » , *chun* (춘, 春) : « le printemps » et *pung* (풍, 風) : « le vent ».

– Pouah ! chuchota Subtil-lilas-d'été, la mine déconfite. Celle d'entre nous qui sera chargée de servir ce pauvre bougre jusqu'au petit matin sera marquée par la poisse.

Et puis, le gouverneur ordonna aux *gisaeng* que l'on serve un verre d'alcool à l'invité. Les filles se regardèrent rapidement les unes les autres. Celle qui servirait le premier verre à Yun Tong, celle-là devrait le servir durant toute la fête et son service ne s'achèverait qu'à son chevet à l'heure où l'invité s'endormirait. La plus jeune, mais pas la plus jolie fut poussée en avant par les autres, mais avant qu'elle ne s'approchât, le lettré Yun leva la main :

– Votre Excellence, j'ai une requête un peu particulière à faire, lança-t-il tout sourire. J'ai été mis en contact, il y a quelques temps avec une *gisaeng* de votre district. Alors, si vous le permettez et pour ne pas la négliger, j'aimerais être servi par cette même *gisaeng*.

– Tu aurais dû me prévenir plus tôt, répondit le gouverneur en riant. Allons, n'hésite pas à la nommer.

Le silence tomba sur la salle de réception, et tout le monde fut suspendu aux lèvres de l'imposant lettré Yun dans son costume usé.

– Il s'agit de Subtil-lilas-d'été, votre Excellence !

À peine eut-il prononcé le nom de la plus jolie *gisaeng* de la ville, qu'une clameur de surprise s'éleva. Le *satto* lui-même eut du mal à cacher son étonnement, mais éclatant de rire, il lâcha :

– Tu es chanceux, en filtrant les cailloux et le sable tu obtiens de l'or.

Puis, se tournant vers le groupe de *gisaeng*, il ordonna :

– Subtil-lilas-d'été ! approche et sers donc notre invité.

La belle jeune femme afficha une moue renfrognée, mais elle ne pouvait rien faire d'autre que d'obéir au gouverneur. Alors que d'autres auraient été refroidis par l'attitude maussade de la fille, le lettré Yun trouvait, au contraire, cette mine boudeuse charmante, en tout cas, plus avenante qu'un visage faussement affable. Toutefois, trop étourdi par la délicate beauté de la *gisaeng*, le lettré Yun ne pensa même pas à la taquiner. Charmé par tant de grâce, il demeura raide comme un morceau de bois, jusqu'à la fin de la fête. Puis, il se retira dans sa chambre.

Quelques minutes plus tard, Subtil-lilas-d'été, car tel était le devoir des *gisaeng*, le rejoignit pour s'enquérir s'il était bien installé et s'il ne manquait de rien.

– Mais quel imbécile ! explosa-t-elle de colère dès qu'elle eut refermé la porte derrière elle. Que croyez-vous donc ? Vous êtes-vous regardé ? À votre place, jamais je n'aurais osé faire ce que vous avez fait ! Un minable petit fonctionnaire comme vous, vouloir cueillir la plus belle fleur du jardin ! Avez-vous perdu la tête ? En tout cas n'espérez pas que cela aille plus loin, et à moins que le ciel ne démolisse cette chambre, préparez-vous à passer cette longue nuit en solitaire.

Puis, elle sortit en claquant la porte. Suite à cet ouragan soudain, le lettré Yun resta sans voix et demeura longtemps assis, un peu hébété. Quand il recouvra ses esprits, il sonna le jeune garçon de service :

– Écoute, lui dit-il, j'ai besoin de savoir où Subtil-lilas-d'été est partie. Si tu me réponds honnêtement, je te récompenserai. Mais si tu me mens, je te punirai.

– Oui, Monsieur, répondit le jeune serviteur un peu gêné. Pour tout vous dire, Subtil-lilas-d'été a une relation avec le chef des *ajeon*, le chef des petits fonctionnaires subalternes de notre gouverneur. Et j'ai entendu dire que cette nuit, il donnait une petite fête dans la maison des fonctionnaires de la ville. Mais je ne peux pas vous affirmer que Subtil-lilas-d'été y participera.

Yun Tong savait bien que ce genre de réunion nocturne n'était pas autorisé, tout comme d'ailleurs les accointances entre employés. Une sauterie qui mêlerait fonctionnaires et *gisaeng* municipales avait tout de scandaleux. Le lettré, après s'être fait préciser le lieu de la petite fête, récompensa le garçon et lui demanda de lui apporter des habits similaires à ceux des fonctionnaires subalternes. Puis, ainsi déguisé, il se rendit au lieu de réunion. Il n'entra pas tout de suite, préférant, tout d'abord, observer dans l'ombre de la porte comment cela se passait. Il fit mine de faire le petit nouveau à qui l'on a demandé de surveiller servilement l'entrée. À l'intérieur de la bâtisse, de nombreux fonctionnaires, tous accompagnés d'une *gisaeng*, discutaient joyeusement. Quand Yun Tong aperçut Subtil-lilas-d'été, il baissa le bord de son chapeau pour dissimuler son visage. La jolie *gisaeng* attendait le chef des fonctionnaires subalternes qui n'était pas encore arrivé. Soudain, un bruit de toux se fit entendre de l'extérieur, c'était le chef des *ajeon* qui annonçait son arrivée. Il nota tout de suite la présence de Yun Tong.

– Puisque tu es nouveau, tu t'occuperas de la torche qui éclaire la cour, lança-t-il.

Le lettré acquiesça, descendit dans la cour, mais se plaça près de la fenêtre. Cloc ! De son doigt, il fit un trou dans le papier du claustra pour espionner les fonctionnaires. L'ambiance était grivoise : ça buvait, ça plaisantait grassement, ça se fourrageait dans les coins. Au bout d'un moment, certains déjà ivres se mirent à danser. Le chef des petits fonctionnaires, saoul lui aussi, appela Yun Tong pour lui offrir un peu d'alcool. Le lettré s'agenouilla poliment et vida coup sur coup plusieurs coupes. Au plus fort de la fête, dans la liesse générale, le lettré se mêla aux danseurs, bondit sur une table et ondulant lentement ses bras dans d'amples mouvements, il faisait à lui seul le spectacle. Tout le monde le regardait avec enthousiasme, et le chef des petits fonctionnaires l'apostropha :

– Dis-donc, le nouveau, tu as l'air de bien t'amuser !

À ce moment-là, le lettré Yun Tong mit bas son chapeau :

– Je ne suis pas *ajeon* ! s'exclama-t-il d'une voix forte. Je suis le lettré Yun Tong, envoyé du roi, chargé du culte des ancêtres.

À ces mots, un souffle de panique s'éleva dans l'assemblée, le secret de cette petite réunion illicite était éventé. En un instant, la salle se transforma en une arène confuse, chacun cherchant à fuir le plus vite possible. Dans la pagaille et la bousculade, l'un d'eux tomba à plat ventre, le lettré Yun sauta par-dessus lui et en un instant quitta les lieux. Il revint directement à sa chambre, se glissa sous les couvertures et fit semblant de dormir du sommeil du juste.

Subtil-lilas-d'été, inquiète de la tournure que pourrait prendre l'affaire, se maquilla avec soin et pénétra plein de déférence dans la chambre du lettré.

– Monsieur, murmura-t-elle d'une voix chaude, vous êtes un homme audacieux. Permettez-moi de donner à votre hardiesse une autre dimension.

Et tout en disant cela, elle se faufila sous la couverture, ouvrit au lettré Yun la porte de ses trésors et ne fut déçue ni de l'audace ni de la hardiesse du gaillard.

Le lendemain, dès l'aube, des bruits de pas et de discussions se firent entendre dans le couloir.

– Que se passe-t-il donc à une heure si matinale ? demanda le lettré.

– Hier soir, les fonctionnaires municipaux ont vraiment été impolis de ne pas vous avoir reconnu, répondit la *gisaeng* en se rhabillant. Vous êtes un homme d'une grande valeur, je pense qu'ils viennent demander votre pardon.

Les petits fonctionnaires municipaux offrirent à Yun Tong un plein ballot des plus fines cotonnades et de toiles de lin, spécialités de la ville d'Andong. Puis, plus tard, lors du déjeuner que le gouverneur partageait avec le lettré Yun, le chef des fonctionnaires subalternes, agenouillé à côté d'eux, fit un clin d'œil à Yun Tong afin de s'assurer de son silence. Si jamais la rumeur des frasques des fonctionnaires municipaux d'Andong venait à se répandre, tous, y compris le gouverneur, risquaient de graves sanctions. Yun Tong entendit l'appel.

– Votre Excellence, dit-il doucement, j'ai entendu dire que les *gisaeng* et les fonctionnaires municipaux avaient commis de petites choses peu recommandables. Ce ne sont que des broutilles ...

– Notre ville d'Andong n'est pas bien grande, coupa avec un sourire gêné le *satto* pour clore la discussion, c'est pourquoi je vous prie d'accepter ces modestes cadeaux.

Yun Tong reçu un autre ballot de toiles fines. L'affaire n'irait pas plus loin. Mais dorénavant, tout Andong savait qu'un pauvre lettré avait possédé Subtil-lilas-d'été, la plus belle des *gisaeng* de la ville. Ce bruit tôt ou tard en viendrait aux oreilles de son ami resté à Hanseong.

Après avoir terminé sa mission, le lettré Yun Tong quitta Andong. Mais il ne retourna pas directement à la capitale. Il poussa son chemin plus au sud jusqu'à Jinju où il espérait bien avoir une aventure avec Joie-du-vent-printanier.

L'hiver s'était bien installé et le soir où il arriva à Jinju, il neigeait abondamment. Il se rendit directement chez l'esclave public [18] :

– Je suis un inspecteur royal[19] venu enquêter secrètement le district. Pour voyager incognito, je dois me contenter de ces vieilles fripes, mentit le lettré Yun, tout en se réchauffant les mains au-dessus du braséro. Je ne peux ni révéler ma vraie identité, ni me rendre officiellement aux bureaux de l'administration. C'est pourquoi je viens te demander l'hospitalité. Mais si tu dévoiles mon secret ou si tu fais courir la rumeur qu'un inspecteur est en ville, tu seras sévèrement puni.

Impressionné par le titre par lequel se présentait Yun Tong, l'esclave s'aplatit humblement sur le sol pour le saluer.

– Par ailleurs, je suis déjà venu à Jinju, continua le lettré. À ce moment-là, j'ai partagé le sentiment d'amour avec une jeune femme du nom de Joie-du-vent-printanier. Malheureusement, je n'ai plus de nouvelle d'elle.

– Joie-du-vent-printanier ? s'exclama joyeusement l'esclave. La *gisaeng* Joie-du-vent-printanier est ma cousine. Et je peux vous assurer qu'elle va bien. Mais, ce soir, elle n'est pas dans la maison municipale. Son père vient de mourir. Aujourd'hui, elle en est à son troisième jour de deuil.

– Comme c'est malheureux, dit le lettré en affichant une moue faussement affectée. Je connaissais aussi son père. Je ne pourrais jamais oublier ses bienfaits. C'est triste qu'il ne soit plus de ce monde. J'aurais tant aimé

18 L'esclave public ou en coréen, *gwanno* (관노, 官奴) - *gwan* (관, 官) : public et *no* (노, 奴) : esclave - appartenait avec les *gisaeng* à la classe la plus basse de la société. Corvéable à merci, ces hommes à tout faire effectuaient les plus basses besognes et n'avaient aucun droit ni même de nom de famille.

19 Inspecteur royal (경차관, 敬差官) est une charge de haut fonctionnaire.

rendre visite à sa famille, mais la nuit est profonde et il neige beaucoup. C'est dommage que je ne puisse pas m'y rendre immédiatement.

Sur ces dernières paroles feintes, le lettré Yun Tong ferma la porte de sa chambre, souffla la lumière et se coucha.

L'esclave ne pouvait pas laisser cette situation en suspens. Son hôte était important, aussi il sentit au plus profond de lui-même l'obligation d'aller prévenir sa cousine. Alors, bravant la nuit, la neige et le froid, il se rendit au plus vite chez elle.

– Un homme important, un certain lettré Yun, est venu ce soir de la capitale. Il a appris pour ton père et il souhaite te présenter ses condoléances.

À ces mots, la *gisaeng*, un peu confuse, leva les yeux au plafond, essayant de se souvenir de l'homme parmi tous ceux avec qui elle avait eu une relation particulière. Mais les noms se bousculèrent dans sa tête. Il y avait des Kim, des Park, des Lee, des Ko, des Cho, des Ahn et bien d'autres ... Sûrement aussi des Yun ... En tout cas, elle ne se rappelait pas de ce Yun-là. Mais malgré tout, cela excita sa curiosité et elle voulut savoir quel était cet homme qui prétendait la connaître, et connaître même son défunt père. Elle accompagna donc son cousin jusqu'à la maison municipale afin d'y rencontrer cet homme mystérieux.

– Monsieur, souffla l'esclave à travers la porte. J'ai pris sur moi la décision d'avertir Joie-du-vent-printanier de votre visite. Malgré son deuil, elle est venue ici vous trouver. Est-ce que je peux la faire entrer dans la chambre ?

Le lettré Yun Tong fit semblant d'être surpris, tout fonctionnait selon son plan.

– Comment a-t-elle pu venir par ce temps épouvantable ? Quelle bonne volonté ! Vite, fait-la entrer sans attendre !

Joie-du-vent-printanier pénétra dans la chambre, elle ne reconnut pas l'homme, mais fut touchée par les mots de tristesse qu'il exprima au sujet de son père et ceux de réconfort qu'il soupira pour elle. Elle ne savait pas quoi répondre, laissant simplement ruisseler les larmes sur ces joues. Puis dans un élan de tendresse, elle se coula sous les draps et vint se blottir dans les bras de Yun Tong. La nuit fut longue et sauvage. Si longue que les premières lueurs de l'aurore commencèrent à poindre.

– Lorsque le jour éclairera le monde, Joie-du-vent-printanier verra mes pauvres vêtements, pensa le lettré Yun. Si elle les voit, je perdrai la face, je dois la renvoyer d'où elle vient avant le chant du coq.

Alors, il susurra à l'oreille de Joie-du-vent-printanier :

– Je suis venu ici de loin et à cheval. Je ne sais depuis combien de jours je n'ai pu sentir le plaisir du jeu des nuages et de la pluie. Ne pourrais-tu pas te tourner sur le ventre pour exalter mes sentiments ?

La *gisaeng* se tourna appuyant ses mains sur le sol. Le lettré, derrière elle, s'assit sur ses talons, la saisit par la taille et se colla à elle. Joie-du-vent-printanier devint fiévreuse, se pressa tout contre Yun Tong et l'enserra très étroitement au fur et à mesure que l'extase croissait en elle jusqu'au summum. Soudain, le lettré Yun hurla :

– Joie-du-vent-printanier, tu me la coupes ! Joie-du-vent-printanier, tu me la coupes.

Ce cri stoppa net le transport de la *gisaeng*. Quelle humiliation ! Cela faisait à peine trois jours qu'elle portait le deuil de son père. Et elle se laissait aller à la lubricité. Ce cri déchirant l'aurore à naître avait dû en réveiller plus d'un ! Elle avait beau être *gisaeng*, elle avait, malgré tout, sa dignité. On allait l'insulter et lui reprocher son comportement. Entre la honte et la fureur, elle ramassa à la hâte sa chemise, sa jupe et son boléro, s'habilla précipitamment, mais oublia sa culotte dans sa fuite.

Quand le jour se leva complétement, le lettré Yun Tong prépara ses bagages, prit congé de l'esclave public et s'en retourna à Hanseong le cœur léger.

Rapidement, dans les villes d'Andong et de Jinju, la rumeur se répandit qu'un pauvre lettré, du nom de Yun Tong, avait réussi à posséder les deux plus belles *gisaeng* de ces villes. Il fut donc facile à Yun Tong d'affirmer à son ami qu'il avait réussi son pari. Puis, quand fut organisé le grand concours annuel pour devenir fonctionnaire, les jeunes lettrés qui vinrent de la province du Gyeonsang confirmèrent les rumeurs.

Le meilleur ami de Yun Tong offrit, comme il l'avait promis, un superbe banquet au lettré, rassemblant les mets les plus fins des huit provinces du royaume. À la fin du repas, alors que les deux hommes étaient passablement ivres, l'ami félicita le lettré Yun du nouveau *hanbok* qu'il s'était fait confectionner grâce aux cotonnades d'Andong. Et comme ils en étaient à parler chiffons, le lettré Yun Tong, l'œil malicieux, exhiba le sous vêtement de Joie-du-vent-printanier, comme le trophée de ses exploits amoureux.

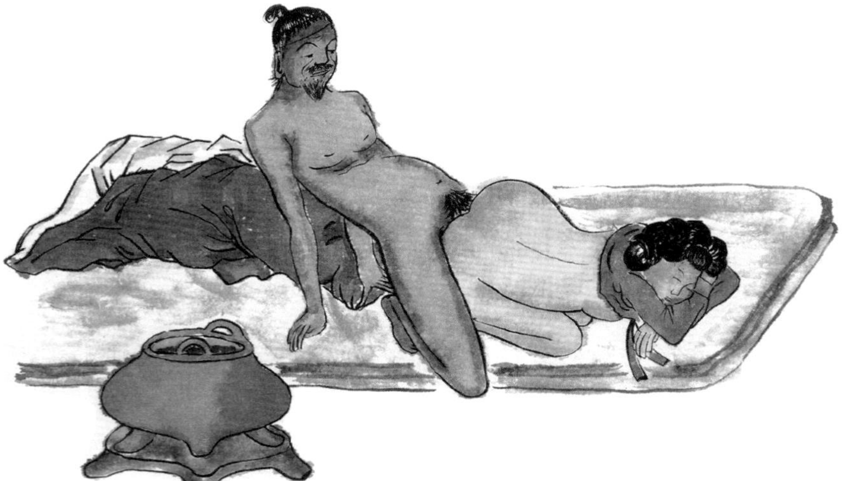

La *gisaeng* de Tongyeong

Au temps où les bouffardes des vieux tigres exhalaient d'épais nuages de fumée, un marchand s'était rendu dans le port de Tongyeong en vue de récupérer le chargement qu'un navire devait lui apporter. Cependant, les vents étaient tombés et le bateau qu'il attendait s'était retrouvé en panne au large, sur une mer d'huile.

Loin de chez lui, depuis plusieurs jours déjà, le marchand se désespérait du temps perdu et craignait pour sa cargaison. Mais par-dessus tout, ce qui le minait le plus, c'était cette longue attente à ne pas savoir quoi faire. Alors, pour tromper l'ennui, le marchand se rendit dans une maison de *gisaeng*. Là, il rencontra une jeune personne tout à fait à son goût, à qui il demanda discrètement le tarif pour passer un moment agréable.

– Cela dépend du vent, répondit la jeune femme sibylline.

– Comment ça ? fit le marchand.

– Eh bien, si le vent ne souffle pas, c'est trente *nyang*. Mais si la brise fraîchit et devient plus violente, alors c'est cinquante *nyang*. Et, lorsque la tempête vire au typhon, alors là, c'est cent *nyang* !

– Quelle curieuse façon de compter, lança le marchand amusé. C'est sans doute parce que nous sommes dans un port que les *gisaeng* de Tongyeong comptent ainsi, se dit-il.

Puis, observant les pavillons en berne des bateaux qu'aucun souffle ne faisait frissonner, il ajouta :

– Rien ne bouge sur la mer. Aujourd'hui, c'est calme plat … va pour trente *nyang* …

Dans la chambre, les rubans dénoués, le couple se mit rapidement à l'ouvrage. Lui, dessus, s'agitait du mieux qu'il savait. Elle, dessous, impassible, était aussi raide qu'un morceau de bois échoué sur un banc de sable. La *gisaeng*, indifférente aux gesticulations du marchand, semblait ne ressentir aucune émotion. Cette situation ridicule énerva l'homme qui ne tarda pas à pester :

– Es-tu morte ou quoi ? Si tu n'es pas morte, tu devrais remuer un peu !

Alors, la *gisaeng* atone lui répondit doucement :

– Telle que tu me vois là, c'est ce que tu as demandé : le calme plat.

– Bon, laissons donc le vent se lever, proposa le marchand.

Aussitôt, la jeune femme passa du calme plat à belle, puis de belle à agitée. En un mot, tout son corps se mit à onduler en une houle merveilleuse. Au rythme du roulis des délices, le marchand appareilla alors pour la route du plaisir. Le sac et le ressac incessant du bassin de la belle l'inondait et le fit presque chavirer. Il sentait l'écume monter en lui, prête à déborder. Mais il reprit la barre en main, et emporté par son excitation, il haleta :

– Allons jusqu'au typhon, allons jusqu'au typhon !

La chambre se mit alors à trembler. La tornade se leva avec force, propulsa l'oreiller à l'autre bout de la pièce et fit tourbillonner la couverture jusqu'au plafond. Tout n'était que furie, pluie et vent. Dans cette agitation violente, le mât quitta l'anse dans laquelle il était chahuté, pour se planter dans la crique plus étroite en contre-bas.

– Pas par là, pas par-là ! s'écria la *gisaeng* surprise. Vous faites fausse route !

– Tais-toi donc ! répondit le marchand. Quand la tempête vire au typhon, qu'importe le port. Il faut simplement trouver un bon mouillage pour rester en vie.

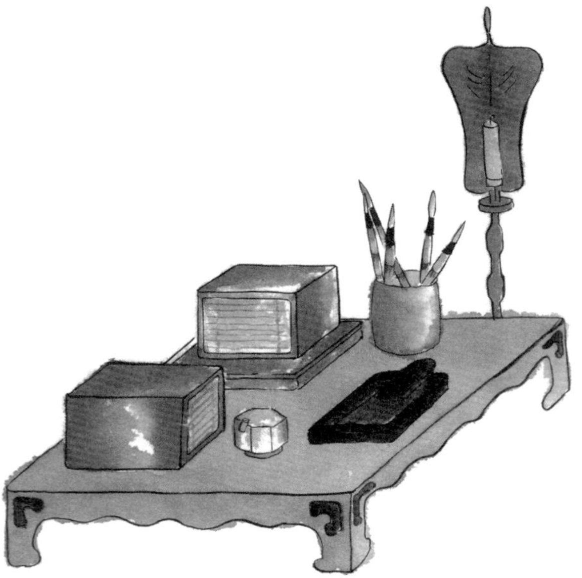

Un jeune homme est le meilleur des médecins

À l'époque où les tigres fumaient leur longue pipe, à Hanseong, l'ancienne capitale du royaume, une jeune veuve vivait dans la tranquillité de la plus stricte solitude. Ce qui était l'exact opposé de la locataire de la maison voisine, une *gisaeng* de la ville de Gangneung, au doux nom de Lotus-rouge[20]. La courtisane, d'une beauté et d'un charme exceptionnels, chantait merveilleusement et pinçait avec une grâce infinie les cordes de son *gayageum.* Pour toutes ces raisons, la maison de la *gisaeng* était continuellement envahie d'hommes de tous âges, mais en particulier de jeunes *yangban* fortunés qui aimaient à fréquenter les lieux de perdition. À toute heure du jour et de la nuit, la maison bourdonnait du tapage de cette foule joyeuse et inconsciente.

Toutefois, par une belle après-midi d'été, comme si tout le beau monde avait déserté le lieu, la maison de Lotus-rouge se retrouva étrangement plongée dans le calme. Intriguée par ce silence soudain, de la fenêtre de sa chambre, la veuve jeta un regard dans la maison en contrebas dont le mur mitoyen surbaissé ne dissimulait rien de ce qui s'y déroulait.

---

20 Le nom coréen de cette femme est Hong-ryeon (홍련) qui signifie Lotus-rouge.

Nu comme un vers, un très beau jeune homme enlaçait le dos mince et souple de la jolie courtisane. Leurs corps fondus l'un dans l'autre, il lui souleva une jambe et une incroyable tige de jade jaillit tout à coup pour redisparaître immédiatement. Expert aux jeux d'alcôves, le gaillard faisait étalage de toute son habileté en la matière. La *gisaeng* n'était pas en reste, aussi souple qu'une branche de saule, elle se pliait aux exigences de l'exercice, et encourageait son cavalier par ses gémissements.

La veuve n'avait jamais rien vu d'aussi scandaleux. Elle en était si choquée qu'elle ne put détacher son regard de l'énorme tige de jade et de cette porte des secrets qui ruisselait de ses sucs. Puis, à son corps défendant, tout en observant les gestes brûlants des deux amants, la veuve sentit une chaleur l'envahir. Le désir l'enflammait et prise de vapeurs, elle commença à frémir comme une bouilloire sur le feu. Sans s'en rendre compte, sa main crispée s'était insinuée dans son entrecuisse inondée. Tout son être tressaillait. De sa gorge nouée, des gémissements se transformèrent en râles. Quand elle put enfin détourner les yeux, toujours tremblante, elle alla s'allonger sur sa couche au fond de la chambre. Mais, elle ne se calma pas pour autant. Son corps tendu, en proie aux convulsions, roulait d'un bord à l'autre de la natte comme un bateau ivre. Sur sa poitrine, ses paumes pressaient ses seins. Plus bas, ses doigts trempés froissaient les pétales de sa fleur. Le souffle toujours court, la veuve ne pouvait réprimer ses geignements rauques.

À ce même moment, une vieille femme du voisinage entra dans la maison de la veuve pour lui rendre visite. Alertée par les plaintes enrouées, la vieille avait poussé la porte de la chambre où elle découvrit la veuve à l'agonie.

– Que vous arrive-t-il ? s'exclama la vieille femme affolée, courant au chevet de la pauvre veuve.

Mais la veuve, toujours en proie à ses spasmes, ne pouvait répondre que par des gémissements.

– Si vous ne pouvez pas parler, écrivez ! souffla la vieille en tendant une feuille de papier et un pinceau à la veuve.

Tant bien que mal, toujours secouée par ses tremblements, la veuve trempa le pinceau dans l'encre pour coucher par écrit tout ce qu'elle avait vu par la fenêtre de sa chambre.

En lisant la réponse de la veuve, la vieille femme éclata de rire :

– Il n'y a qu'un remède à la maladie qui vous frappe. Il faut soigner ce mal par sa racine et seul un jeune homme peut vous la donner !

Puis ayant dit ces mots, la vieille femme fila chez maître Wu, un lettré dans la vigueur de ses trente ans, qui, pour cause d'indigence, se languissait d'être toujours célibataire.

– Maître Wu, s'exclama-t-elle en entrant chez le jeune homme, une jolie veuve du quartier vient d'être frappée par un mal bien étrange. Elle est en si mauvaise posture qu'elle ne peut pas sortir de chez elle. Mais vous, vous pourriez très certainement la guérir. De plus, si vous la soignez comme il faut, vous pourriez y gagner une épouse, tout comme elle un nouvel époux. De grâce, pressez-vous !

Maître Wu, enjoué par cette nouvelle, ne se le fit pas dire deux fois, et emboita le pas de la vieille. À peine entré dans la maison de la veuve, suivant les conseils de la veille femme, le jeune lettré Wu se déshabilla, pénétra dans la chambre où il dénoua les rubans de la veuve toujours secouée par ses convulsions. Avec les gestes précis du médecin, il souleva la tête de la veuve presque inconsciente dans sa transe, puis il lui massa doucement la porte de jade. À son tour, la fièvre le saisit, ses sens s'enflammèrent, ses mains ardentes se mirent à trembler, son souffle devint saccadé, son désir enfla, enfla, enfla et lorsqu'il fut bien raide, il le donna à la veuve qui s'en pâma d'extase.

Seulement lorsque les braises du désir furent consumées, la veuve recouvrit ses esprits. Encore émue par le transport dont elle sortait à peine, elle ouvrit la bouche pour dire quelque chose, mais de ses lèvres entrouvertes seul un rire clair et joyeux en sortit. Puis, elle agrippa le bras du jeune maître Wu et reprenant son souffle, elle murmura doucement :

– Vous êtes le grand médecin que j'attendais. Vous m'avez sauvée !

Puis par l'entremise de la vieille femme, qui organisa toutes les formalités administratives et familiales, la jolie veuve et le jeune lettré se marièrent. Plus tard, la femme accoucha de deux garçons puis d'une fille. Le couple vécut longtemps, très longtemps, jusqu'à ce que leurs cheveux noirs prennent la teinte des racines de ciboules.

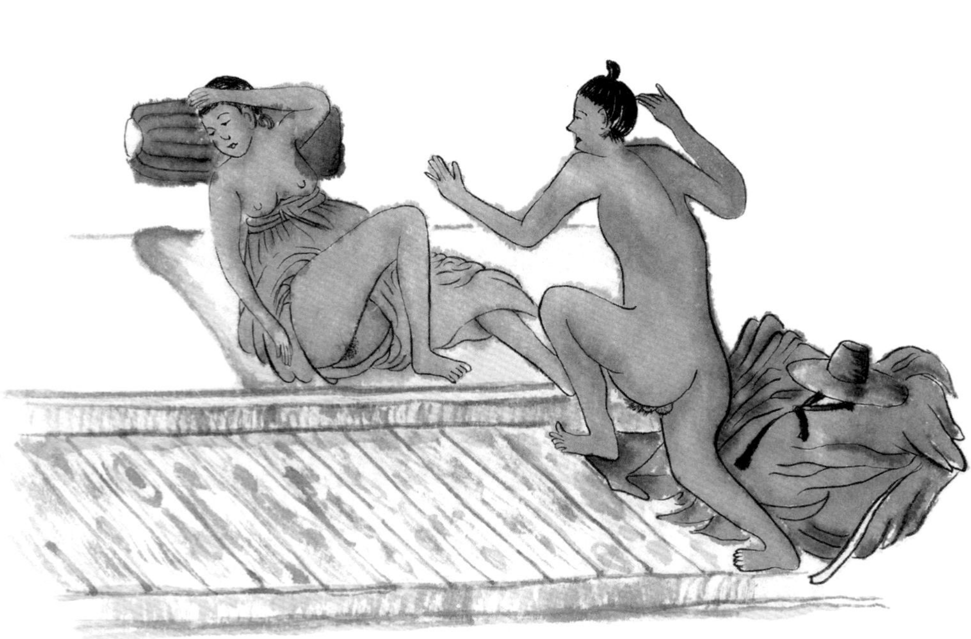

LE BONZE TENU EN LAISSE

À l'époque où les tigres tiraient de longues bouffées de tabac, Fleur-de-lotus[21] était une servante attachée au monastère de Geum. Comme elle était particulièrement belle et coquette, elle ravissait le cœur des hommes qui posaient leur regard sur elle. Même les moines, qui pourtant avaient renoncé aux plaisirs terrestres pour se consacrer à la vie spirituelle, ne pouvaient résister à ses charmes. Et bien évidemment, dans toute la région, on jasa sur l'attitude scandaleuse des bonzes. Il fut alors décidé de renouveler l'autorité du temple et le vieux Hyeneung fut nommé nouveau *juji* pour mettre fin à cette souillure morale qui déshonorait l'Ordre. Dès son arrivée, Hyeneung rassembla tous les moines et les sermonna avec indignation :

– Comment est-ce possible qu'un bonze puisse se faire piéger par une femme ? Si vous observez rigoureusement les règles et si votre foi est vraiment sincère et profonde, il est impossible de succomber à la tentation.

---

21 Le prénom de cette femme est, en coréen, Yeonhwa (연화, 蓮花). Il signifie Fleur-de-lotus

Puis, en tant qu'homme sage, et pour que les moines n'enfreignissent plus la loi, il décréta :

– À partir d'aujourd'hui, seuls les serviteurs mâles seront autorisés à travailler à notre service, y compris pour les corvées de linge, de nettoyage et de cuisine. Plus aucune femme ne sera désormais admise dans nos quartiers privés.

Ainsi, le vieux moine pensait mettre à l'abri ses bonzes et les aider dans leurs efforts constants de respecter leur vœu de chasteté.

Un matin, Hyeneung sortit du temple et passa le long de la palissade décrépite qui entourait la masure de Fleur-de-lotus. Elle était justement dans sa cour où elle badinait avec quelques bonzes qui étaient passés lui rendre visite. À travers une brèche dans la palissade, la servante vit le vieux moine arriver. Tous se turent. Fleur-de-lotus épia un moment Hyeneung, puis quand il fut suffisamment loin, elle se tourna vers les autres bonzes et leur déclara :

– À mon avis, il ne doit pas être si difficile à séduire votre *juji* ! Je vous parie qu'avant deux jours je l'aurai apprivoisé.

Alors, tous éclatèrent de rire.

– Si tu arrives vraiment à le débaucher en si peu de temps, nous te céderons volontiers trois arpents de terre, promirent les bonzes.

– Pour trois arpents de terre, je vous le livrerai demain soir votre *juji*, la corde au cou, pérora Fleur-de-lotus. Attendez-moi donc demain soir sous le vieil orme sacré du village, je vous y réserverai une petite surprise.

Le lendemain, elle enfila des vêtements d'homme. Puis, elle se fit deux nattes qu'elle tressa à la garçonne. Enfin, pour parachever son déguisement, elle glissa sous son bras un exemplaire du *hyo-kyeong*, le livre confucianiste que tous les fils de bonne famille se devaient d'étudier pour apprendre les règles du respect filial.

C'est donc sous les traits d'un tout beau et tendre jeune homme que Fleur-de-lotus se rendit à la porte du temple. Elle demanda à voir le *juji*, et se dirigea directement dans ses appartements où elle salua Hyeneung avec beaucoup de déférence.

Intrigué par la venue soudaine de ce jeune visiteur, le vieux moine l'interrogea sur ses origines et ses motivations.

– Maître, je suis un jeune homme d'une bonne famille désargentée qui habite dans le village de l'autre côté de la vallée. J'ai appris les mille premiers caractères *hanja*. Mais le moine, qui m'enseignait les lettres, est parti. Je suis venue jusqu'à votre monastère pour continuer mes études.

– Eh bien, montre-moi jusqu'où tu as appris, demanda le vieux moine. Si je veux poursuivre ta formation, il me faut vérifier ton niveau.

Alors, le faux jeune homme ouvrit le livre et commença la lecture. Hyeneung fut surpris par la voix claire et peu hésitante de son nouvel élève. À fréquenter les bonzes, Fleur-de-lotus avait appris à lire les caractères les plus courants.

– Mais tu lis très bien, remarqua le vieux moine. Tu es assez qualifié pour continuer tes études. Tu as ma permission de rester dans notre monastère. Et pour dormir, en attendant qu'on te trouve une place, tu peux t'installer dans ma cellule.

Le soir venu, pendant que le vieux moine était en pleine méditation zen, Fleur-de-lotus entra dans la chambre pour se coucher. Elle se déshabilla, se glissa à demi-nue sous la couverture et feignit de s'endormir. Soudain, comme dans un rêve profond, elle se mit à marmonner et à geindre. Perturbé dans sa contemplation, le vieux moine alluma une chandelle et s'étonna de découvrir une jeune femme à demi nue couchée dans sa chambre.

– Que se passe-t-il ? ... Mais qui es-tu donc ? s'écria le *juji*.

– Ce n'est que moi vénérable Maître, Fleur-de-lotus, murmura la jeune femme.

– Toi ! Mon ennemie ici dans mes murs, tu es venue me corrompre, répondit le vieux moine. Perverse ! tu as donc décidé de me détruire.

– Non, vénérable Maître, le désir entre les hommes et les femmes est un cadeau de la nature. Autrefois, les disciples de Bouddha, Anan et Matang, eux-mêmes séduits par la douce Nahan, sont tombés des nuages pour venir la rejoindre sur terre. Vénérable Maître, vous pourriez les égaler. À quoi bon refuser le fruit qui s'offre à vos lèvres.

Fleur-de-lotus se redressa, le drap glissa, laissant apparaître un corps parfait d'une blancheur d'albâtre.

– Perverse, souffla le vieil homme, viens ici que je te chasse.

Et il la saisit pour l'expulser de la chambre, mais au moment où il la tint dans ses bras, ses forces l'abandonnèrent. Comme une bête, il succomba à la tentation.

– Quel fou pourrait refuser ton offre ? haleta-t-il avant de fondre son corps dans celui de la jeune femme.

Le *juji*, qui ne connaissait que le paradis spirituel, découvrit soudain, dans un plaisir aussi merveilleux qu'inattendu, le paradis charnel. Le temps s'écoula et la chose fut consommée. C'est alors que Fleur-de-lotus s'écria dans un long gémissement :

– *Aïgo* ! Mon ventre ! Que j'ai mal au ventre !

Le *juji* prit soudainement peur. Il ne voulait pas que les plaintes de cette jeune femme viennent réveiller les autres bonzes. Alors, il lui plaqua sa main sur la bouche et lui marmonna :

– D'où te vient cette si grande douleur pour geindre si fort ?

– Maître, vous m'avez si brusquement renversée que mon ventre est tout chamboulé, se lamenta la fille. Il me faut rentrer chez moi. À cette heure, personne ne pourra nous surprendre. Maître, je vous supplie de me porter sur votre dos jusqu'au vieil orme sacré du village. De cet endroit, je pourrais rentrer chez moi à quatre pattes.

– Bon ! grimaça le vieux bonze. Si on ne peut pas faire autrement, grimpe sur mon dos.

Sans perdre un instant, elle monta sur le dos du moine.

– Accroche-toi fermement, lui commanda-t-il.

Mais la jeune femme laissait pendre ses bras comme deux chiffons de part et d'autre du cou du vieux moine. Inexorablement, le corps de la jeune fille glissait. Aussi le bonze avait toutes les peines du monde à soutenir sa charge et à garder son équilibre avec ce fardeau gémissant.

– *Aïgo* ! *Aïgo* ! *Aïgo* ! Je n'en peux plus ! Vous me faites mal ! Arrêtez de me secouer comme ça ! Maître, marchez plus doucement !

– Mais accroche-toi donc ! souffla le vieux moine.

– Maître, je n'en ai plus la force. Si vous me donniez le cordon qui vous sert de ceinture, je pourrais m'y agripper et ne plus glisser.

Ils s'arrêtèrent, le bonze dénoua le cordon, elle le lui passa autour du cou comme une longe à un cheval et remonta sur son dos. C'est ainsi qu'ils arrivèrent pantelant au vieil orme sacré où tapis dans l'ombre tous les autres moines attendaient.

Dès que Fleur-de-lotus aperçut les cranes luisants des autres bonzes, elle sauta sur le chemin et se retrouva marchant droite et fière derrière Hyeneung qu'elle tenait en laisse.

– Regardez tous ! s'écria-t-elle avec panache. Je vous livre votre *juji* par la bride.

À ces mots, une explosion d'applaudissements et de rires s'éleva dans les branches de l'arbre vénérable.

Fleur-de-lotus reçut ses arpents de terre et put changer de vie. Quant au vieux moine, l'histoire ne raconte pas ce qu'il est devenu. Il avait toutefois appris, à ses dépens, que si l'on cachait ses désirs les plus ardents derrière un discours de probité, on finissait toujours par chuter.

Le jardin de derrière

Au bon vieux temps où les pipes des tigres avaient de longs tuyaux, le fils du gouverneur de la ville de Wolseong s'était amouraché de Lune-claire[22], une *gisaeng* d'une beauté incomparable d'à peine seize printemps, attachée au palais communal. Le couple s'aimait si profondément que nuit et jour, ils passaient tout leur temps ensemble. Rien ne semblait pouvoir les séparer. Cependant, un matin, le mandat du gouverneur toucha à sa fin et la famille du haut fonctionnaire dut s'en retourner à Hanseong, la capitale. Malheureuse, Lune-claire ne pouvait se résoudre à quitter son amant. Alors, le matin du départ, la *gisaeng* se fondit dans le cortège qui accompagnait le gouverneur et sa famille jusqu'à la frontière du district. Ainsi les amoureux purent rester ensemble quelques heures de plus.

La nuit venue, Lune-claire se glissa dans la chambre du jeune homme, dégrafa son *jeogori*, ce court boléro cintré que les femmes coréennes portaient jadis sur leur jupe ample et le lui tendit.

22 En coréen, le nom de cette femme (Lune-claire) est Myeong-wol (명월, 明月). En Corée, on comparait l'homme au soleil et la femme à la lune (월, 月). C'est pour cela que de nombreuses femmes et en particulier les *gisaeng* portaient le mot lune dans leur prénom.

– Mon cher amant, l'heure est venue de nous séparer, dit-elle en pleurant. Nul ne sait quand nous nous reverrons, et nous ne pouvons pas nous promettre de nous retrouver un jour. Prenez mon *jeogori* en gage de mon amour éternel. Gardez-le précieusement, ainsi chaque fois que vous regarderez ce vêtement, vous vous souviendrez de moi.

À son tour, le fils du gouverneur, tout aussi éploré, dénoua le ruban de son manteau violet. Le couple s'enlaça, s'embrassa, s'unit une dernière fois. Puis, l'aube venue, le jeune homme monta sur son cheval. Peu à peu, toute la famille du gouverneur se fondit dans les brumes matinales de l'horizon. Lune-claire, étreignant le manteau violet de son amant, resta longtemps à sangloter au milieu du chemin.

Le soleil était déjà haut, quand elle se remit en route péniblement. La tête vide, le regard hagard, elle marcha, marcha, marcha, laissant ses pas la guider sans même savoir si elle était sur le bon chemin.

À l'heure où les ombres s'allongent et couvrent les bois, elle commença à recouvrer ses esprits. Elle ne savait pas où elle se trouvait. Elle scruta l'horizon des quatre directions : rien ! Seul un vieux pin se dressait là, mais pas âme qui vive, ni même une lueur qui lui indiquerait une ville dans le lointain. Elle était perdue. La peur l'envahit soudain et chassa le chagrin de son cœur. Seule dans cette campagne déserte, un homme mal intentionné pourrait abuser d'elle. Alors, elle enfila le long manteau de son amant, tira l'épingle qui lui maintenait le chignon, secoua la tête et laissa tomber sa chevelure à la garçonne. Ainsi mise, elle pouvait passer pour un jeune homme.

Tout à coup, le bourdonnement d'une cloche s'éleva dans le crépuscule et appela les bonzes d'un temple voisin à la prière. Cette cloche sonna pour Lune-claire comme le réconfort d'une promesse d'un asile pour la nuit. Sans plus attendre, se guidant au bourdon, elle se hâta au temple où les moines furent bien étonnés d'avoir un visiteur à cette heure. Et ils le furent encore davantage lorsqu'ils virent la perfection de ses traits. Le garçon était si beau que chaque moine pensa dans son for intérieur :

– Cette nuit, je m'introduirai dans sa cellule.

Lune-claire fut donc accueillie tout miel dans le temple. Pendant le souper qui suivit la prière, un vieux bonze à l'œil brillant lui demanda :

– Honorable voyageur, connaissez-vous le jeu du jardin de derrière ?

En tant que *gisaeng*, Lune-claire comprit à demi-mot le vieux moine et ses joues se teintèrent de rose.

– La question est d'importance, car nous n'avons pas de cellule vacante, poursuivit le vieil homme. Dites-nous simplement avec lequel d'entre nous vous souhaitez partager votre logement.

La jeune femme réfléchit un moment. La situation était délicate. Si elle choisissait un bonze robuste et vigoureux, il se rendrait vite compte de la supercherie et il aurait tôt fait de l'éventer. Au contraire, un moine rendu blet et impotent par l'âge n'aurait pas la force de jouer au jeu du jardin de derrière. Alors, elle observa un à un les bonzes et désigna celui qui lui paraissait le plus mûr. Tous les autres moines, et parmi eux surtout les plus jeunes, affichèrent une mine déconfite.

Lune-claire attendit aussi longtemps qu'elle put avant d'aller se coucher, espérant que le vieux bonze se trouverait profondément endormi lorsqu'elle entrerait dans sa cellule. Et c'est à une heure avancée de la nuit que la *gisaeng* poussa la porte de la chambre. Sans se déshabiller, elle se coucha en chien de fusil remontant ses genoux sur sa poitrine car dans cette position elle se sentait davantage en sécurité.

Le vieux bonze ne dormait pas et à la surprise de la jeune femme, il lui embrassa le fondement de manière si experte qu'elle témoignait de la grande habitude du bonze à jouer dans le jardin de derrière. Puis le vieillard se frotta tout contre la fille. Elle, qui pensait ne trouver qu'une aubergine bouillie, sentit une énorme racine impétueuse. Elle était encore jeune, mais en tant que *gisaeng*, Lune-claire avait déjà acquis une certaine expérience. Et ce que lui promettait le vieux bonze, elle ne l'avait encore jamais expérimenté. Pour vérifier ce qu'elle sentait à travers la toile, elle glissa sa menotte dans les plis du vêtement. Elle ne s'était pas trompée ! Et cela éveilla en elle un appétit qu'elle ne put réfréner. Au moment où le vieux moine la saisit pour son assaut final, elle ne put s'empêcher d'écarter les genoux, de basculer son bassin et d'offrir la porte de ses trésors au lieu de celle du jardin de derrière.

La racine s'enfonça directement dans un écrin de velours qui n'avait rien à voir avec ces portes étroites qui faisaient l'ordinaire du vieil homme. Lorsque l'extase submergea le bonze, il étouffa son râle en mordant jusqu'au sang l'oreille de Lune-claire. La jeune femme hurla de douleur, son cri clair et fort déchira la nuit, réveillant toute la communauté des bonzes. Tous se précipitèrent dans la cellule pour découvrir que le beau jeune homme était en fait une belle jeune fille. Rouge de honte d'avoir été démasquée, Lune-claire jeta son long manteau sur ses épaules et s'enfuit précipitamment du temple. Elle marcha, marcha, marcha toute la nuit et finalement retrouva son chemin jusqu'à chez elle.

De cette triste nuit, elle en garda une vilaine marque à l'oreille. Dès lors elle ne fut plus la plus jolie des *gisaeng* de la ville de Wolseong.

Trois secrets pour goûter au tofu du temple

Au temps où les blagues à tabac des tigres étaient bien remplies, un bonze n'avait pas son pareil pour duper son monde. Habile escroc, plus d'un s'étaient laissés embobiner par l'aigrefin à qui l'on ne pouvait, en fin de compte, jamais rien reprocher. Ce moine indélicat avait néanmoins ses entrées dans les demeures de trois *yangban*, riches propriétaires terriens, qui vivaient dans une petite ville au fond de la vallée, en contrebas du temple. Le bonze était si affable, que personne en ville ne se doutait de ses travers, et c'est pourquoi les riches familles des Park, des Kim et des Yi lui avaient ouvert leur porte. Le saint homme, dont les propos étaient toujours vernis de probité et de grande sagesse, était tout naturellement fort apprécié des épouses des trois *yangban*.

Un jour, alors que les trois femmes étaient réunies chez l'une d'entre elles, le moine leur révéla :

– Tous les bonzes de notre communauté s'accordent à dire que le tofu que je prépare est d'une finesse si pure et si rare qu'il ne peut être que d'essence céleste. Si seulement vous vous donniez la peine de gravir la montagne jusqu'à notre temple, je me ferais une joie de vous le faire goûter.

La proposition du bonze allécha les trois femmes qui convinrent rapidement d'une date. Le jour dit arriva et les trois femmes montèrent jusqu'au monastère où le bonze les accueillit chaleureusement et les guida jusqu'au bâtiment principal où siégeait, recouvert de feuilles d'or, un Bouddha majestueux. Le bonze, imité par les trois femmes, le saluèrent profondément. Puis le moine annonça :

– Avant de prendre toute nourriture terrestre et surtout pour pouvoir goûter aux vertus célestes du tofu de notre temple, vous devez obtenir la grâce de Bouddha. Par trois fois, il faut vous prosterner devant lui. Mais ce n'est pas tout, ajouta le religieux d'une voix mielleuse, il est absolument nécessaire de lui confesser vos secrets les plus intimes. Surtout n'essayez pas de le tromper car Bouddha, dans son omniscience, sait tout ! Cette confession est un acte de pénitence nécessaire et je vous adjure de tout révéler si vous ne voulez pas être punies.

Embarrassées par les paroles du bonze, les trois femmes se regardèrent avec une mine totalement déconfite. C'est alors que d'une voix grave et profonde comme venue d'outre-tombe, la statue du Bouddha se mit à bourdonner :

– Mesdames, écoutez-moi ! Vous devez révéler vos péchés, même les plus secrets. Vos esprits ainsi purifiés pourront accéder à la lumière céleste.

En fait, dissimulé dans l'ombre derrière la statue, le bonze avait placé un complice, un jeune novice à la voix plus basse que celle d'un baryton.

Les trois femmes furent impressionnées par les paroles du Bouddha, dont le timbre surnaturel avait l'air tout à fait réel. Ce fut pour elles une révélation ! Puis, pressées par le bonze d'avouer leurs péchés, les femmes se sentirent dans l'obligation de dévoiler leurs secrets les plus profonds. L'épouse du *yangban* Park, plus hardie que les deux autres, commença à raconter son histoire :

– Quand j'étais jeune, bien avant mon mariage, je ne pouvais réprimer mon sentiment de printemps. J'avais pris l'habitude de fréquenter en secret un jeune homme avec qui nous étions voisins. Derrière la maison de mes parents, il y avait un petit bois où tous les jours nous allions faire la chose. Nous ne faisions rien de mal, nous ôtions simplement nos vêtements pour toucher nos corps. Je ne sais combien de semaines cela dura. Mais un jour, ma mère, je ne sais comment, l'apprit. Alors, pour mettre fin à cette histoire et cacher ce secret, ma mère, qui craignait le pire, fit rapidement appel à une marieuse. Elle nous présenta le fils d'un *yangban* de la famille des Park, dont la fortune était plus en rapport avec notre condition et notre rang. C'est là le seul secret que je garde, conclut l'épouse de monsieur Park.

Dès que la femme eut fini sa confession, la voix grave et profonde du Bouddha résonna de nouveau :

– Oui je sais … Je sais déjà cela …

Ensuite, ce fut au tour de la femme du *yangban* Kim de se confesser :

– Alors que j'étais encore vierge, je ne connaissais rien de la vie. Un homme de mon village m'a assuré que lorsque viendrait le temps de me marier, je devrais savoir tout ce qu'un homme attendait de son épouse lorsque le soir il souffle la lampe. Je me souviens encore qu'il m'avait dit : *une jeune fille comme toi devrait préparer sa nuit de noce, pour que le jeune marié ne soit pas déçu*. Puis il avait ajouté : *sais-tu combien de couples se sont séparés après une première nuit désastreuse ? Écoute-moi bien, je te le dis, pour réussir ta nuit de noce tu dois t'entrainer !* En ce temps-là, j'étais jeune et naïve, alors quand il a dit que toutes les autres jeunes filles le faisaient en secret, j'ai fini par céder aux avances de cet homme. Je l'ai suivi, j'ai fait comme il m'a dit, et tout ce qu'il me demandait. Au début, il me faisait un peu mal, mais peu à peu, un jour après l'autre, à force de répétition, j'ai commencé à apprécier la chose, et puis je ne pus plus m'en passer. Cet homme m'avait ouvert l'appétit et j'avais de plus en plus faim. Mais un jour, mon ventre se mit à enfler et mes parents se sont rapidement rendu compte de ma situation. Et je ne suis plus sortie de la maison jusqu'à ce que l'on enterre le bébé au loin dans la montagne. Ensuite, on m'a rapidement marié au fils du *yangban* Kim. Mis à part cela, je n'ai aucun secret, acheva la seconde femme.

– Oui, je sais … Je sais cela aussi … gronda la voix du Bouddha.

Finalement, ce fut au tour de l'épouse du *yangban* Yi de se confier :

– Mon histoire est bien différente, commença la troisième femme. Je n'ai connu aucun homme avant mon mariage et c'est encore vierge que j'ai connu mon mari. Mais peu de temps après, son meilleur ami venait très souvent lui rendre visite. Ils étaient intimes comme des frères du même âge. Et puis un jour, je ne sais plus comment, sans que mon mari ne le sache, je me suis retrouvée dans ses bras et finalement, j'ai accouché de mon premier bébé. C'est le garçonnet que j'élève maintenant. Mon mari croit que ce fils est de lui, mais l'enfant porte au creux de ses reins le même grain de beauté que son père. Cependant, je ne me sens pas fautive, car mon époux et son ami étaient si proches qu'ils partageaient tout, absolument tout. Alors pourquoi pas moi ? Voilà, c'est la seule chose que je garde secrète.

– Je sais … Je sais aussi cela … gronda la voix du Bouddha.

– Je vous l'avais bien dit, renchérit mielleux le bonze. On ne peut rien cacher au Bouddha, car il sait tout !

Puis démasquant sa vraie nature, le moine d'un sourire gourmand ajouta :

– Toutefois, pour expier vos péchés, il va falloir les révéler à vos maris, pour faire toute la lumière.

Surprises, les trois femmes se jetèrent aux pieds du moine le suppliant de garder leurs histoires secrètes. Mais le saint homme fit la sourde oreille et les menaça de tout dévoiler lui-même, à moins qu'elles ne consentent à s'entretenir l'une après l'autre dans sa chambre.

Prises au piège, les trois femmes durent céder au bonze libidineux, qui, mit en verve par les confessions, se montra d'une vigueur sans faille dans la répétition de l'acte. Le religieux déploya même une technicité dans l'administration de la chose qu'il n'avait sûrement pas apprise dans les livres saints. Mais ce n'est pas tout, puisqu'en sus, le moine demanda pour son silence plusieurs sacs de riz qu'il partagea avec son novice.

Le nain du Gangwon

Depuis que les tigres fument la pipe, tout le monde a entendu le nom de Byeon Gangsoe. Ce personnage mythique, connu pour son goût immodéré pour le jeu, l'alcool et les jupons, était un homme d'une vigueur exceptionnelle. On en donnera pour preuve, qu'il fut le seul homme à n'avoir pas trépassé, après avoir honoré la veuve Ong-nyeo, femme fatale, tout aussi légendaire, car tous ses maris précédents succombèrent au propre comme au figuré à ses charmes.

Une femme, ancienne *gisaeng*, vivait dans les faubourgs de Hanseong. Son mari partit, on ne sait où, lui avait laissé sur les bras une enfant. Heureusement, la mère débrouillarde avait monté un petit restaurant de nouilles et son commerce marchait plutôt bien. Alors, au fil des ans, elle avait réussi à épargner une coquette somme qu'elle appelait son petit capital.

Sa fille avait, elle aussi, grandi et était arrivée à l'âge nubile où les jeunes femmes doivent trouver un époux. Joli brin de fille, il n'aurait sûrement pas été difficile de la marier. Cependant, elle avait une particularité qui inquiétait sa mère : sa fleur était exagérément grosse, si large et si profonde, qu'il était presque impossible de se l'imaginer.

La mère, soucieuse du bonheur de sa fille, s'était mise en tête de trouver un gendre d'une pointure suffisante. Il lui fallait quelqu'un à la juste mesure pour la combler. Pour cela, la mère tint à ce que sa fille teste tous ses prétendants qui se présenteraient avant de conclure un quelconque mariage. Le plus vigoureux de ceux qui saurait contenter sa fille, l'épouserait.

Attiré par le petit capital de la mère, les candidats ne manquèrent pas. Du moins au début, car tous, les uns après les autres, après avoir passé une nuit avec la demoiselle, jetèrent l'éponge :

– *Aïgo* ! Je ne pourrais pas vivre avec votre fille, soufflaient-ils, épuisés après leur première nuit.

De toute manière, de son côté, la jeune femme déclarait, elle aussi, immanquablement :

– *Aïgo* ! Avec celui-là non plus, ça ne va pas... Et d'ajouter : si je comptais toutes les nouilles qui ont arrosé ma fleur, je pourrais rivaliser avec le restaurant de ma mère.

Ainsi, la fille connu un nombre incalculable de jeunes hommes de Hanseong, mais aucun ne fut de taille. Alors, la mère se résolut à faire le tour de toutes les villes importantes de toutes les provinces pour y placarder une annonce. Elle invitait tous les « Byeon Gansoe » à se faire connaître. Celui qui arriverait à honorer sa fille convenablement deviendrait son gendre et recevrait en sus son petit capital pour dot.

Le résultat ne se fit pas attendre. Et bientôt, une foule de gaillards, aussi costauds les uns que les autres, se rassemblèrent devant la porte du restaurant de nouilles. Ils étaient venus de partout et chacun voulait tenter sa chance. Le Byeon Gansoe de Hamgyeon, la province la plus septentrionale de la péninsule, était l'un des mieux bâtis, mais après avoir passé la nuit avec la jeune femme, il se résigna et cracha, rageur :

– Je ne peux pas ! avant de repartir dans son nord natal.

Le Byeon Gansoe de la province du Pyeongan, au nord-ouest, un gars robuste et tout en nerf, prit la nuit suivante. Lui aussi abandonna, comme tous les autres qui suivirent. Finalement, quand la jeune femme eut épuisé tous les types un peu larges et puissants, il n'en resta plus qu'un. C'était un petit râblé, pas plus grand qu'un nain. Il soutenait, contre toute apparence, être un Byeon Gansoe et disait venir d'une vallée perdue du fin fond du Gangwon, une province de l'est, sans doute la plus rustique de l'époque.

Dès que la fille le vit, elle éclata de rire et lui lança :

– Toi, rabougri comme tu es, ce n'est pas la peine d'essayer ! Tu peux retourner chez toi tout de suite.

Mais l'homme, aussi petit fut-il, ne se laissa pas démonter et répliqua :

– Ne sais-tu pas que pour connaître le goût d'une pastèque, il faut en voir l'intérieur ?[23] Passe d'abord une nuit avec moi. Tu te feras une opinion par la suite.

Finalement, la jeune femme accepta de recevoir le nain du Gangwon. À peine entré dans la chambre, il souffla la lampe et se glissa sous les couvertures. Puis, il fixa à son genou un *kakjot*, autrement dit, une aiguille tendre ; cet objet que bien des concubines des palais royaux utilisaient lorsqu'elles n'avaient pas l'occasion de croiser leur prince. Dans le gynécée royal, les concubines étaient trop nombreuses pour être honorées régulièrement. Alors, pour se satisfaire, elles n'avaient d'autres solutions que ces dards de jade, d'ivoire ou de bois de plaqueminier.

Armé de son aiguillon, le nain du Gangwon butina la fleur. Avec force, son genou pénétra profondément les pétales. La jeune femme cria de surprise :

– Que me faites-vous donc ! Il est trop gros ! Assez ! Arrêtez maintenant, vous me faites mal.

Mais la mère dans la chambre à côté, l'oreille collée à la cloison, écoutait tout. Elle réprimanda sa fille :

– Ma fille chérie, c'est bien mieux quand tout entre. Pourquoi donc demandes-tu à ce qu'il se retire déjà.

La fille continuait à se plaindre :

– Mais maman, son éperon est si large...

Alors la mère l'encouragea :

– Jusqu'à présent aucun des Byeon Gansoe n'avaient été assez forts pour te faire de l'effet. Pourquoi veux-tu abandonner maintenant alors que cela

23 Ce dicton coréen signifie que pour connaître une personne, il faut vivre avec elle.

fait si longtemps que tu attends ce moment. Tu rougiras un peu les draps, mais lorsque de ton calice le miel coulera, tu chanteras une autre chanson.

La fille continua à geindre. Mais la mère reconnut à ces gémissements que le miel commençait à couler. Bientôt, la maison raisonna d'une toute autre plainte et fut submergée par des cris de plaisir.

Au petit matin, la fille se leva et encore tout étourdie par la longue nuit, confia à sa mère :

– Ce nain est bien mieux qu'en apparence. Finalement, c'est avec lui que je veux vivre.

Ainsi fut fait. Le mariage fut célébré au grand bonheur des amoureux. Elle avait enfin trouvé un mari à sa mesure et le petit homme du Gangwon était devenu riche. L'heureux homme continua à honorer son épouse de son genou, ainsi, ils vécurent de très longues années dans le bonheur.

Le remède du palefrenier

À l'époque où les tigres savaient encore culotter le fourneau de leur longue pipe, il y avait un couple dont le mari était aussi laid que nigaud. Il était si sot qu'il gobait n'importe quoi pourvu qu'on se montrât persuasif. Son épouse, au contraire tout aussi jolie que maligne, se comportait avec lui comme un général, commandant et organisant tout. L'époux empoté, fortement épris de sa femme, ne savait que la bader.

Un jour, la femme décida de rendre visite à sa mère qui vivait dans un village de l'autre côté de la montagne. Le couple partit de bonne heure, elle assise sur le cheval, lui marchant devant tenant l'animal par la bride. À mi-parcours, ils arrivèrent à flanc de coteau au-dessus d'une combe verdoyante où l'on entendait seulement le gargouillis d'un ruisseau et le chant de quelques pinsons dans les taillis. Là, dans ce calme bucolique, au détour du sentier, la femme du haut de son cheval observa, en contrebas, une scène pour le moins étrange. Un jeune paysan, certainement palefrenier, avait attaché une jument à un arbre, puis, se plaçant derrière, le pantalon sur les chevilles, il entreprit de la monter d'une manière autre que celle où on l'entend habituellement. Lorsque la femme découvrit que le palefrenier n'avait rien à envier à un étalon, l'envie d'y goûter la saisit subitement. Rien que d'y songer, elle ne put réprimer un petit cri.

Le nigaud tourna la tête mais ne comprenant pas vraiment ce qui se passait là, il interpela le palefrenier d'un air candide :

– Hé là, toi ! Qu'est-ce que tu fabriques ?

– Qui ? Moi ? répondit le palefrenier. Je soigne la jument de mon maître. Une mauvaise colique lui tenaille le ventre. Je suis en train de lui administrer le remède que je viens de préparer avec des herbes médicinales. Et pour que la potion agisse, il faut la faire pénétrer profondément dans la jument.

La femme sourit, tout à coup, elle venait d'avoir une idée. Elle se laissa tomber de son cheval en se tenant le ventre et commença à se rouler par terre.

– *Aïgo, aïgo, aïgo* ! J'ai mal au ventre !

– *Imja* ! Que t'arrive-il ? demanda gauchement le mari, ne sachant que faire.

– *Aïgo* ! Je souffre le martyr, geignit la femme en lançant à la dérobé une œillade au palefrenier. Ne pourrais-tu pas demander de l'aide à ce jeune homme ? Ne vient-il pas de dire qu'il savait comment soigner le mal de ventre ?

– Mais *Imja*, tu n'es pas une jument …

– Qu'importe, un remède de cheval doit tout aussi bien soigner une femme … Ohhh… je t'en prie, ce mal me ronge les intestins ! Demande donc à ce paysan de nous aider.

Alors, le mari supplia le palefrenier de soigner sa femme. L'homme goguenard s'approcha de l'épouse, fourragea jupe et jupon, puis palpant le bas ventre de la femme, il s'exclama :

– *Aïgo* ! En effet, cela a l'air sérieux ! Mais vous n'êtes pas une jument, et comme il faut introduire le remède très profondément, je ne sais pas s'il est raisonnable de vous soigner.

– *Aïgo, aïgo, aïgo* ! Ne voyez-vous pas que je suis en train de mourir ? Je ne peux même plus respirer ! Guérissez-moi par n'importe quel moyen.

En écoutant les mots d'agonie de son épouse, le mari s'affola, tomba à genou au pied du paysan et l'implora de faire tout ce qui était en son pouvoir pour sauver sa femme. Le palefrenier hocha la tête et sortit de sa besace une longue cordelette qu'il noua à ses bourses. Puis le plus sérieusement du monde, tendant la pelote au mari, il lui recommanda :

– Pourriez-vous la débobiner jusque derrière ce gros rocher là-bas ? Et surtout, veillez à ce que le cordon ne soit ni trop lâche, ni trop tendu. Si la cordelette est trop détendue, le remède ne sera pas bon et votre femme ne guérira pas. Par contre, si vous tirez trop, vous me tuerez sur le coup. Tendez-là délicatement et avec douceur. Je vous fais confiance, car je vois que vous aimez votre femme plus que tout.

Ainsi, envoyé à l'écart et obnubilé par la bonne tension de la cordelette, le mari ne gênerait pas l'administration du traitement. Puis quand le mari se fut éloigné, le palefrenier ôta le sous-vêtement de la femme, haussa ses jambes au-dessus de ses épaules et comme il l'avait fait à la jument, prodigua son remède le plus profond qu'il put.

– Je suis en train de guérir … mon mal de ventre s'en va … cria soudain l'épouse, dont les gémissements n'avaient plus rien à voir avec ses plaintes précédentes.

– *Imja*, que se passe-t-il ? lança alors le mari surpris de ce changement de ton. Tu geins de la même manière quand je dénoue tes rubans.

À entendre le mari, qui levait la tête au-dessus du rocher, le palefrenier se renfrogna.

– Ah vous, si vous doutez de mon remède, grogna le garçon d'écurie, alors j'arrête tout de suite. Qu'importe ce qui arrivera ensuite à votre femme.

Et l'épouse renchérit aussitôt en pleurant :

– Voilà un garçon que le hasard a mis sur notre chemin et qui met sa vie en danger pour soigner le mal qui me ronge. Il est en train de me donner le meilleur des remèdes qui soit. Et toi, tu le traites de la sorte ! Pourquoi tant de suspicion ? Préfères-tu me voir morte ?

Suite à cette pluie de réprimandes, le mari implora de nouveau le palefrenier de donner toute son énergie pour guérir son épouse. Ainsi encouragé, le jeune homme, dont les ressources semblaient inépuisables, redoubla d'ardeur tant et si bien qu'au sommet de la chose, le transport final les conduisit à l'extase.

Le calme revenu, la femme se releva, réajusta et épousseta ses vêtements. Après cela, très satisfaite de ce qu'elle venait de vivre, elle déclara :

– Ce remède a des effets prodigieux, je me sens totalement guérie.

Plus tard sur le sentier, alors que le couple cheminait, la femme assise sur le cheval, le cocu devant tenant l'animal par la bride, il s'arrêta, puis se tournant gonflé d'orgueil vers son épouse, il dit :

– Si j'avais tiré sur le cordon ce palefrenier serait mort. Quand-même quand j'y repense, je suis fier d'avoir participé à ta guérison.

– C'est ce que tu crois ! admonesta la femme rouge de colère. Si tu racontes à quiconque ce qui vient de se passer, il est certain qu'on t'accusera de tentative de meurtre et tu finiras ta vie dans le déshonneur. Surtout ne dit rien à personne ! Jamais !

– Ne crains rien, répondit le mari, j'ai plus de jugeote qu'un enfant de trois ans …

Puis, le cocu saisit la bride du cheval pour reprendre le chemin vers la maison de sa belle-mère.

Glossaire

Aïgo (아이고) est une interjection de surprise ou de dépit.

Ajeon (아전, 衙前) désigne les petits fonctionnaires subalternes attachés au service d'un gouverneur municipal. Généralement natifs de la ville et connaissant bien la situation locale, les *ajeon* aidaient le gouverneur, souvent nommé de l'extérieur, à administrer la municipalité. Certain *ajeon* véreux et corrompus tournaient leur situation administrative à leur avantage et en tiraient profit.

Bo (보) est un terme qui signifie le trésor.

Boji (보지) est un terme qui désigne la vulve.

Choshi (초시, 初試) était le nom du premier des trois concours de la fonction publique à l'époque du Joseon. On appelait également par ce titre les personnes qui avaient réussi ce concours.

Chuseok (추석, 秋夕) est une des fêtes les plus importantes du calendrier coréen. Célébrée le quinze du huitième mois lunaire, cette fête correspond à la fête des moissons. Durant ces festivités, les Coréens pratiquent également les rites dédiés aux ancêtres.

Dopo (도포, 道袍) désigne le manteau formel porté autrefois par les nobles coréens.

Gakjot (각좆) désigne un godemiché.

Gaktti (각띠, 角帶) désigne la ceinture des hauts fonctionnaires, elle est un symbole de pouvoir.

Gayageum (가야금 - 伽倻琴) est un instrument à corde traditionnel de la famille des cithares. Cet instrument de musique est constitué d'une caisse de résonnance en bois de paulownia sur laquelle sont fixées douze cordes de soie.

Gisaeng (기생, 妓生) étaient des dames de courtoisie. Ces jeunes femmes recevaient une formation artistique (peinture, calligraphie, poésie, musique, danse, etc.) dans le but de divertir les *yangban*. Bien qu'elles appartinssent à une des classes les plus basses de la société, certaines *gisaeng* devinrent des femmes de lettres dont les poésies sont de véritables chefs-d'œuvre.

Gonjang (곤장, 棍杖) est une lourde batte en bois que l'on utilisait pour les supplices.

Haegeum (해금, 奚琴), souvent comparé au violon bien qu'il n'en ait pas la forme, est un instrument à corde traditionnel qui se joue avec un archet.

Hanbok (한복, 韓服) est le nom de l'habit traditionnel des coréens.

Hanja (한자, 漢字) : il existe deux systèmes d'écriture en Corée, les *hanja* et le *hangeul* (한글). Les *hanja*, caractères sino-coréens, plus anciens et plus difficiles, étaient réservés aux intellectuels et aux personnes bien nées. Le *hangeul*, dont le fonctionnement rationnel est simple, est l'écriture moderne coréenne. Elle a été créée au XVe siècle par le grand roi Sejong dans un souci d'éduquer le peuple. Actuellement, il n'est pas rare de trouver encore des caractères *hanja* dans des paragraphes rédigés en *hangeul* afin de préciser le sens de certains mots.

Hanji (한지, 韓紙) est le nom du papier traditionnel coréen. Autrefois, comme presque partout en Extrême-Orient, les portes et les fenêtres des habitations étaient constituées d'un claustra en bois recouvert de *hanji*. Les Coréens fabriquent encore de nos jours de nombreux objets grâce à ce papier qui peut être aussi résistant que du cuir.

Hanseong (한성, 漢城) est l'ancien nom de Séoul lors de la période du Joseon (1392 à 1910).

Hyo-kyeong (효경, 孝經) est un livre confucianiste que tous les fils de bonne famille devaient étudier pour apprendre les règles du respect filial.

Imja (임자) signifie chéri(e).

Jangseung (장승) est le nom donné aux mâts totémiques érigés à l'entrée des villages ou des temples pour les protéger, et liés aux croyances autochtones.

Ji (지) est un terme qui signifie papier.

Jeogori (저고리, 羅) : ce vêtement féminin est une partie du *hanbok*. C'est un court boléro cintré que les femmes coréennes portent sur leur jupe ample.

Juji (주지, 住持) est la fonction de moine supérieur dans un temple bouddhique.

Kimchi ou *gimchi* (김치) est un condiment incontournable de la table coréenne. Il est généralement constitué de chou fermenté et assaisonné.

Kkakji (깍지, 角指) désigne la bague de pouce des archers. Cette bague leur servait à bander la corde de leur arc.

Li (리) est une unité de distance qui correspond à environ 400 mètres.

Makgeolli (막걸리) est une boisson alcoolisée à base de riz fermenté non filtré.

Mal (말) est une unité de mesure qui correspondait à environ 18 litres.

Nyang (냥, 兩) est une ancienne unité monétaire coréenne.

Samo (사모, 紗帽) est le chapeau carré porté par les hauts fonctionnaires lors des cérémonies officielles.

Satto (사또, 使道) désigne le gouverneur d'une municipalité qui était chargé d'appliquer la loi et la justice.

Sohak (Petite étude) (소학, 小學) était un livre étudié par les enfants renfermant l'essence du confucianisme. Le confucianisme était régi par des règles de fidélité sur cinq niveaux de relation : entre les ministres et le roi, entre les enfants et leurs parents, entre mari et femme, entre frères, entre amis.

Song-i (송이, 松栮) ou matsutaké est un champignon sauvage de la famille des tricholomes qui pousse exclusivement à la fin de l'été dans les rares pinèdes de pins rouges. Très parfumé, il constitue un mets rare et raffiné à l'image de la truffe en France.

Tokkaebi (도깨비) sont des êtres appartenant au monde des créatures fantastiques. Ils ressemblent aux petits trolls d'Europe du Nord, aux kobolds des pays germaniques ou encore aux korrigans de Bretagne. Tantôt bienveillants, tantôt malveillants, ils sont capables d'une grande générosité tout comme des pires vengeances. Ces personnages grimaçants sont souvent représentés sur les antéfixes des temples et des bâtiments officiels pour chasser les mauvais esprits.

Yangban (양반) est le terme coréen qui désigne les personnes appartenant à la noblesse. La classe des nobles se subdivisait en deux groupes : la noblesse d'arme, celle des officiers militaires, et la noblesse de robe, celle des lettrés.

Yeot (엿) est une confiserie qui s'apparente au nougat fabriquée à partir de sirop de malt et de céréales. Cependant au XVIe siècle, à cause de la forme phallique de certains de ces bonbons, le terme de *yeot* était utilisé comme un euphémisme pour désigner le pénis.

Yutnori (윷놀이) ou ***yut*** (윷) est un jeu de société ressemblant à celui des petits chevaux. Il se pratique avec quatre bâtonnets que l'on lance. Les Coréens aiment jouer au *yut* lors des grandes fêtes familiales comme à *Chuseok* (추석), la fête des moissons, et à *Seollal* (설날), le nouvel an lunaire.

Bibliographie

Le lecteur averti pourra retrouver, en langue coréenne, ces contes licencieux dans les ouvrages suivants :

« 조선후기 성소화 (性笑話) 선집 », 김준형 옮김, 문학동네, 2010.

« 고금소총1 », 김현룡 편역, 자유문학사, 2008.

« 고금소총2 », 김현룡 편역, 자유문학사, 2008.

« 고금소총5 », 김현룡 편역, 자유문학사, 2008.

« 고금소총 », 김영균 편저, 일문서적, 2012.

« 육담 », 이원규, 지성사, 2011.

En français, des contes de même nature ont été brièvement présentés dans :

Aubergines magiques, contes érotiques de Corée, Maurice Coyaud et Li Jin-Mieung, éditions P.A.F., 2002.

Pour les illustrations érotiques, nous renvoyons les lecteurs à :

Peintures érotiques de Corée, Maurice Coyaud et Li Jin-Mieung, éditions Philippe Picquier, 1995.

« 한국의 춘화 » (Korean Erotic Paintings), 미술사랑, 서울, 2003.

Pour les détails vestimentaires, nous renvoyons les lecteurs à :

« 한국 전통복식 2천년 » (Two Thousand Years of Traditionnal Korean Costumes), 통천 문화사, 서울, 2002.

« 한국 복식 2천년 » (The Exhibition of History of Korean Costumes), 신유문화사, 서울, 2002 .

Sommaire

DANS LA MÊME COLLECTION

Éric Bidet
Pérégrinations coréennes

Collectif (dir. François Laut)
Impressions papier hanji
Dix nouvelles franco-coréennes

Pak Wan-seo
Trois jours en automne

Pak Wan-seo
Hors les murs

Park Ynhui
L'Ombre du vide

Marcela Dvořáková et Rodolphe Meidinger
Les Saisons de Nami

Cathy Rapin et Rhee Kwang-bok
Mises à nu coréennes

Kim Won-il
Crépuscules

Achevé d'imprimer à Séoul
Le 31 août 2015
Par Mukga, Séoul, Corée du Sud (tél. : 02-744-4464)

Dépôt légal : septembre 2015

Edité par l'Atelier des Cahiers
(15, Bd Saint-Germain 75 005 Paris)
www.atelierdescahiers.com

ISBN : 979-10-91555-18-0
15 euros